事例でわかる！NFT・暗号資産の税務

東洋大学准教授
泉 絢也 著

税理士
藤本剛平

中央経済社

はじめに

　2022年3月30日に，自由民主党デジタル社会推進本部NFT政策検討プロジェクトチーム（座長：平将明議員）が「NFTホワイトペーパー（案）Web3.0時代を見据えたわが国のNFT戦略」を公表しました。

　このホワイトペーパー案は，Web3.0（ブロックチェーン技術等を活用した分散型のウェブ社会。GAFAに代表される巨大プラットフォーマーのような中央管理者が不在で，個人がデジタル資産やデータを保有・管理する段階として位置付けられる。Web3と呼ぶ場合や異なる意味を持つ語句として両者を使い分ける場合もある）時代をけん引する可能性がある重要なツールとして，NFT（Non-Fungible Token），暗号資産，DAO（Decentralized Autonomous Organization；分散型自律組織），DeFi（Decentralized Finance；分散型金融）に着目しています（ホワイトペーパー案の提言内容は，翌月26日付の同本部「デジタル・ニッポン2022―デジタルによる新しい資本主義への挑戦―」に組み込まれています。その後，政府は，骨太の方針2022において，ブロックチェーン技術を基盤とするNFTやDAOの利用等のWeb3.0の推進に向けた環境整備の検討を進めると発表しました）。

　ホワイトペーパー案は，表題ともなっているNFTを，ブロックチェーン上で発行される唯一無二（非代替）のデジタルトークン（証票）であるとしたうえで，改ざんが困難なブロックチェーン上でデジタル資産の唯一性とその取引の真正性を証明できる特徴を使い，デジタル資産に希少性を持たせ，経済価値を飛躍的に高めるものであるとしています。

実際，NFTの登場により，デジタル資産の取引が活発になっています。2021年はわが国でNFTの流行が始まった年であったといってよいでしょう。日本のクリエイターやアーティストが世界最大のNFTマーケットプレイスであるOpenSeaに作品を多数出品しましたし，日本発のNFTマーケットプレイスも複数立ち上がりました。
　アート，ゲームアイテム・キャラクター，不動産，会員権等を含む様々な物又は権利等をNFT化して販売するなどNFT関連のビジネスに携わる企業も徐々に増えていますし，一般の方々もNFTを購入し，Twitterのアイコンにしたり，仮想空間で利用したりするなどして，楽しんでいます。STEPN（NFTであるスニーカーを入手して，移動したり，これを売ったりすることで稼ぐことができるブロックチェーンないしNFTゲーム）などNFTを利用したブロックチェーンゲーム（GameFi，Play to Earn）も人気です。

　NFTの購入代金や購入手数料は，通常，ETHなどの暗号資産によって支払われるため，これまで暗号資産を保有していなかった個人も暗号資産を購入し，利用するようになりました。NFTの普及により，暗号資産の実需が増え，暗号資産のユーザー層も広がりを見せています。
　もっとも，上記のツールが日本で発展を遂げるためには，その税務上の取扱いが明らかにされ，時には法整備がなされることが求められます。暗号資産の税金については，部分的に法律でルールを定めており，国税庁がガイダンス（FAQ）を公表しています。他方，NFTの税金について特別に定めた法律はありません。国税庁がNFTに関するタックスアンサーを出していますが，その内容は薄く，説明不足です。上記のFAQとタックスアンサーは，いずれも現在行われている取引を十分にカバーできてはいません。

はじめに

　一般の方々は，税の専門家であれば，暗号資産やNFTの税金の取扱いについて，すぐに明確な回答を出すことができると思われるかもしれません。しかし，それは実際には難しいことです。

　例えば，税の専門家は，暗号資産，NFT，DeFiの税金の取扱いについて答えるためには，その取引や仕組みから勉強しなければならないでしょう。正しい税金の取扱いは基本的に私法上の取扱いを前提として導き出されることが多いため，これらの私法上の法律関係を考慮する必要もありますし，時には規制法との関係や技術的なことも検討しなければなりません。そこまでしてもなお，税法や国税庁のガイダンスにはっきりと書かれていないこれらの税金の取扱いについて専門家として回答を示すことは，場合によっては非常に困難です。

　このように，専門家でも回答に迷うことがめずらしくないにもかかわらず，暗号資産やNFTを取引している納税者は確定申告をしなければなりません。日本の税制は基本的に，第1次的に納税者自身が税金の計算と申告・納税をする制度（申告納税制度）を採用しています。計算に誤りがある，無申告であるなどの場合に税務署が税務調査と課税処分を通じて納税者の税額を決定することになりますが，このような税務署の役割は第2次的なものにすぎません。

　このような現状を目の当たりにした私たちは，暗号資産やNFT関係の税金の申告実務を得意とする税理士（藤本剛平　TwitterID：@suika3111）とその税制の研究者（泉絢也　TwitterID：@taxlaw17）として，申告実務や事業計画の作成に役立つような知見や情報を提供したいと思い，本書を刊行することにしました。

　本書では，NFT，暗号資産，DeFiに関する税務上の取扱いを解説し，Web3.0時代に有益な税金に関する情報や知識を織り込んでいます。本書の内容は「暗号資産（仮想通貨）の税金について本気で考えてみた」

などのタイトルで私たちが共同運営している note のブログ（https://note.com/cryptotax）記事をベースとしつつ，ブログ未掲載の内容も随所に記載しています。

　本書は3部構成となっています。第1部では，暗号資産と NFT の税金の取扱いを知るうえでまず知っておきたい各税法の概要と暗号資産に関する特別の定めを簡単に説明します。また，暗号資産や NFT の税金の問題のうち，やや詳しい解説を必要とするものについて，個別論点として取り上げます。
　第2部は，暗号資産と NFT の事例問題と解説です。事例に基づく税金の計算がメインとなりますが，理解を深めるための詳しい解説や実務で役立つ知見もちりばめています。
　第3部は，確定申告準備・税理士依頼編として，暗号資産・NFT の損益計算や確定申告を行うに当たり，必要となる事項や有益と思われる事項のうち重要なものを解説します。

　本書が想定する読者は，一般の個人の納税者のほか，NFT アーティスト，NFT クリエイター，企業，起業家，投資家，ベンチャーキャピタル，税理士，税務職員の方々です。
　紙幅の都合上，暗号資産や NFT に関する取引や用語の一般的な説明，資金決済法や著作権法など他の法分野の取扱いについてはほとんど触れていません。ただし，これらに関する難解な税金の取扱いについて，できる限り平易な文章で，かつ，他では見られないような一歩踏み込んだ解説をしています。
　国税庁の公式の見解が出ておらず，法的な議論も未成熟である論点について，あえて見解を示しています。このことをご理解いただき，実際の税務処理・申告については税理士にご相談ください。本書を通じて，

暗号資産やNFTを含むWeb3.0関係の税金に係る申告やWeb3.0関係の事業を行う方々のお役に立てることを心から願っています。

　最後に，本書の出版に当たっては，株式会社中央経済社の牲川健志氏に多大なご助力を賜りました。ここに深く感謝申し上げます。

2022年8月

泉　絢也

藤本　剛平

目　次

はじめに／3

第1部　理論編

1. 暗号資産，NFTなど「新入り」の取引に対しても税金は課されるのか？／18
2. 所得税と暗号資産・NFT／20
3. 法人税と暗号資産・NFT／38
4. 消費税と暗号資産・NFT／48
5. 相続税・贈与税と暗号資産・NFT／53
6. 補足①暗号資産の所得区分と期末時価評価課税／57
7. 補足② NFT取引に係る課税上の着目点，電気通信利用役務の提供及び源泉徴収の問題／65

第2部　事例解説編

暗号資産関係：所得税・法人税

- 事例1　暗号資産取引の所得区分／87
- 事例2　暗号資産を日本円で売却／88
- 事例3　暗号資産同士を交換（利益が出るケース）／96
- 事例4　暗号資産同士を交換（損失が出るケース）／98
- 事例5　暗号資産による支払い（商品，サービスの購入，給与の支払い）／100
- 事例6　確定申告（2022年に事例2〜事例5の取引をしていたケース）／104

事例7　総平均法の計算事例／106

事例8　移動平均法の計算事例／110

事例9　マイニング報酬，ステーキング報酬，レンディングによる利息／120

事例10　エアドロップ・giveaway で暗号資産を受領／122

事例11　ウォレットに勝手にコインが送られてきた場合（詐欺コインの取扱い）／123

事例12　暗号資産を相場より著しく低い価額で譲渡／128

事例13　暗号資産を無償で譲渡（贈与，giveaway，寄附）／132

事例14　個人が暗号資産を現物出資して法人設立／135

事例15　暗号資産の廃品回収サービスの利用／136

事例16　暗号資産の取得価額（対価を支払って暗号資産を取得（購入）したケース）／140

事例17　暗号資産の取得価額（事例18以外で贈与又は遺贈により取得したケース）／141

事例18　暗号資産の取得価額（相続人に対する死因贈与，相続，包括遺贈又は相続人に対する特定遺贈により取得したケース）／142

事例19　暗号資産の取得価額（暗号資産同士の交換をしたケース）／145

事例20　暗号資産の取得価額（マイニング報酬，ステーキング報酬，レンディング報酬，エアドロップ・giveaway，分岐・分裂で暗号資産を受け取ったケース）／146

事例21　DEX に流動性を供給／152

事例22　LP トークンをステーキングして，ステーキング報酬を取得／158

事例23　ラップ・アンラップした場合／160

事例24　不正送信（ハッキング）被害に遭った暗号資産交換業者から暗号資産に代えて金銭の補償を受けた場合／163

事例25　暗号資産と国外転出時課税の適用／165

事例26　暗号資産 FX で損益が出た場合／167

暗号資産関係：相続税

事例27　秘密鍵の紛失と相続税／169

事例28　相続財産を譲渡した場合の取得費の特例の適用／173

暗号資産関係：法定調書

事例29　財産債務調書への記載／175

事例30　財産債務調書への暗号資産の価額の記載方法／176

事例31　国外財産調書への記載／179

NFT 関係

事例32　NFT の譲渡と所得区分／182

事例33　NFT の譲渡（売却）・二次流通のロイヤリティ収入／183

事例34　NFT の取得価額（NFT を暗号資産等で購入）／185

事例35　時価のない NFT をエアドロップ・giveaway で取得／186

事例36　時価のある NFT をエアドロップ・giveaway で取得／187

事例37　NFT の時価／189

事例38　NFT を消費し，何らかのサービスを受けた場合／190

事例39　NFT の無償提供等（giveaway・廃品回収サービスの利用）／192

事例40　NFT 同士の交換／194

事例41　NFT を新たに発行（mint）／196

事例42　BCG アイテムやキャラクターを新たに作成・発行(mint)／197

第3部　確定申告準備・税理士依頼編

1　用意しておく資料／208
2　利用する取引所やDappsの選び方について／212
3　年末までに「必ず」やっておくこと／216
4　暗号資産・NFTの損益計算ソフトの選び方／217
5　損益計算の流れ（概要）／219
6　自分で損益計算を簡便かつ無料で行う方法／221
7　税理士に依頼する場合／224

あとがき／229

Column

暗号資産の「評価」の意義と居住者が年の中途で死亡又は出国した場合の取扱い・37

暗号資産やNFTの所得と必要経費・90

譲渡原価の計算の基本的な考え方・92

暗号資産の譲渡と所得の計上時期・95

ICOで暗号資産を取得した場合の考え方・99

自分が所有するウォレット間で暗号資産・NFTを移動させた場合・103

年20万円以下の利益は非課税？・105

総平均法とは・109

移動平均法とふるさと納税による節税・115

総平均法と移動平均法のまとめ（どちらがオトク？）・117

暗号資産の取得価額の端数処理で節税？・119

詐欺コインとダスティング攻撃・126

個人事業主であるNFTクリエイターが法人を設立する（法人成りする）場合・136

相場下落時の対応について・139

暗号資産の取得価額がわからない場合の対応は？　5％通達による節税は可能？・148

流動性供給と貸借の課税イベントの考え方・155

レバレッジトークン・168

スカラーシップ報酬・198

STEPNの処理・199

事業主の取引所・ウォレット管理について・214

確定申告・納税　Tips・227

　本書の記載内容は2022年8月17日時点のものです。

　本書で述べられている意見や見解等は，著者のものであり，いかなる暗号資産・NFTプロジェクトのものではありません。

本書で使う略語

〔法令・通達等〕

所法……………………所得税法
所令…………………所得税法施行令
所基通………………所得税基本通達
決済…………資金決済に関する法律
消法……………………消費税法
消令…………………消費税法施行令
消規………………消費税法施行規則
消基通………………消費税法基本通達
相法……………………相続税法
相基通………………相続税法基本通達
措法…………………租税特別措置法
措通………租税特別措置法関係通達
国外送金等調書法……内国税の適正な課税の確保を図るための国外送金等に係る調書の提出等に関する法律
国外送金等調書令……内国税の適正な課税の確保を図るための国外送金等に係る調書の提出等に関する法律施行令
国外送金等調書規則……内国税の適正な課税の確保を図るための国外送金等に係る調書の提出等に関する法律施行規則
憲法……………………日本国憲法
法法……………………法人税法
法令…………………法人税法施行令

法基通………………法人税基本通達
FAQ……国税庁「暗号資産に関する税務上の取扱いについて（FAQ）」（令和3年12月改訂版）

〔暗号資産の名称・単位〕

ADA　：エイダ（カルダノ）
AXS　：アクシス
BCH　：ビットコインキャッシュ
BTC　：ビットコイン
BNB　：バイナンスコイン
CAKE　：ケーキ
ETH　：イーサ
GMT　：グリーン・メタバース・トークン
GST　：グリーン・サトシ・トークン
MATIC：マティック
SLP　：スムーズ・ラブ・ポーション
TITAN：アイアン・チタニウム
XRP　：リップル
WBTC　：ラップドビットコイン
WETH　：ラップドイーサ

【参照条文・文献の表記例】

（法法34①一）
　…法人税法第34条第1項第1号
条…算用数字
項…丸数字
号…漢数字

本書で使う用語

暗号資産：資金決済法上の暗号資産。電子的に記録・移転されるものであり，法定通貨や通貨建資産ではないものの，財産的価値があり支払手段等として利用できるもの。

エアドロップ：無償で暗号資産・NFTを配布する・される行為。giveawayもほぼ同じ意味。

オフチェーン取引：ブロックチェーン上に記録されないで行われる取引のことを主にいう。

カストディアン：暗号資産を保管・管理する金融機関・ウォレットサービス運営者。

ガチホ：HOLD，HODLとほぼ同義。「ガチ（本気で）ホールド（保有する）」の意。購入した暗号資産を長期に渡って売却せず保持しておくこと。

コントラクトアドレス：スマートコントラクト（ブロックチェーン上で契約を自動的に実行する仕組み）を作成することで，生成されるアドレス。

ステーキング：狭義では暗号資産を預けて，取引の妥当性を検証するプロセスに参加し，報酬を得ること。

ステーブルコイン：価格の安定性を実現するように設計されたトークン。資金決済法上の暗号資産に該当するものもあれば，該当しないものもある。

マイニング：暗号資産の取引承認に必要となる計算作業に協力し，成功報酬として新規に発行された暗号資産を取得すること。

ラップ：別のブロックチェーンに送るなどのためにトークンを他の規格に準拠したものに変換すること。

利確：利益確定の略語であるが，文脈によって損失の確定（損切り）を含む場合もある。つまり，保有する暗号資産を譲渡・交換するなどして，含み損益を顕在化させること。

流動性供給：イールドファーミング，流動性マイニングなどをする際に行う行為。例えばDEXに2種類以上のトークンを預ける（流動性供給する）ことで，手数料としてトークンが受け取れる。

レンディング：保有している暗号資産・NFTなどを暗号資産取引所などに貸し出すこと又はこれによって利子を得る行為。

CEX：Centralized Exchangeの略。中央集権型取引所。民間企業をはじめとする管理者が暗号資産の取引を仲介する取引所のこと。

BCG（ブロックチェーンゲーム）：ブロックチェーンを利用したゲームのこと。プレイすることで暗号資産やNFTを入手できるものもある。

bridge：あるチェーンから別のチェーンにトークンを移転させる処理。

DEX：Decentralized Exchangeの略。分散型取引所，非中央集権型取引所。管理者が存在せず，契約を自動的に執行する仕組みであるスマートコントラクトにより，暗号資産の取引を仲介する取引所のこと。

giveaway：無償で暗号資産・NFTを配布する行為。エアドロップもほぼ同じ意味。

LPトークン：Liquidity Provider Tokenの略。DEXに流動性供給する場合に発行される預り証のようなもの。

mint：トークン（暗号資産・NFT）を

発行すること。NFTアートの場合は販売開始，BCGの場合は暗号資産やNFTアイテム・キャラクターの生成を指す場合もある。

NFT：Non-Fungible Tokenの略。ブロックチェーン上で発行される唯一無二（非代替・ノンファンジブル）のデジタルトークン（証票）。ノンファンジブルではないトークンをFT（Fungible Token）といい，これには，通常，暗号資産が含まれる。

STEPN：NFTであるスニーカーを入手して，移動したり，これを売ったりすることで稼ぐことができるBCG（主にオフチェーンでNFTや暗号資産の取引を行うため，NFTゲームとも呼ぶべきかもしれませんが，本書では説明の便宜上BCGと呼びます）。

第1部　理論編

　第1部では，暗号資産とNFTに関係する部分に絞って，所得税・法人税・消費税・相続税の概要を簡単に説明します。

　本書において，暗号資産とは，資金決済法上の暗号資産のことであり，NFT（Non-Fungible Token）とは，ブロックチェーン上で発行される代替性のないデジタルトークンのことです。

　暗号資産やNFTなど新種の取引は，税法以前に，そもそも私法又は規制法上の法律関係などが必ずしも明らかではない場合があります。そのビジネスモデルや技術的な仕組みを理解することにも色々なハードルが存在することが多いです。実は，税金の計算を正しく行うためには，税法以前の法律関係などを正しく理解することが重要であり，場合によっては暗号資産やNFTの技術面に視点を移して理解する必要もあります。

　よって，国税庁を含む税の専門家がこのような新種の取引について，先陣を切って法律関係を示すことは，実は相当難しいという実情があります。しかも，暗号資産やNFTのユースケースないし活用例は複数考えられ，未知なるものも想定されるため，「NFTの税金はこのように計算することになる」と一律に回答をすることは困難です。本書の「はじめに」でも述べたとおり，それでも，暗号資産やNFTを取引している納税者は確定申告をしなければなりません。

　暗号資産やNFTの税金の取扱いとして何が正しいかは，例えば，納税者と国税庁の見解に相違があるため課税処分がなされ，国税不服審判所で争われた後，最終的には裁判所で法的な判断が下され，解決されることになります。その際，前もって様々な法的見解が示され，議論がなされていることが問題の解決に有益であると考えます。また，このように議論を深めておくことは，関連するビジネスの発展や今後の立法作業にも資すると思われます。

　このような事情があるため，第1部理論編では，国税庁の公式の見解が出ていない論点，出てはいるがその見解とは異なる見解がありうる論点，法的な議論が未成熟である論点などにあえて一歩踏み込んで，本書としての見解を記載している場合があります。このことをご理解いただき，**実際の税務処理・申告については税理士にご相談ください。**

第1部 理論編

1

暗号資産，NFTなど「新入り」の取引に対しても税金は課されるのか？

　近年，暗号資産やNFTなど，これまでにない新しいものが社会で取引されるようになりました。税の世界のルールである税法には，暗号資産に関する特別の定めがいくつか存在します。

　他方，NFTに関する特別な定めはありません。暗号資産は，今でこそ，税法の中に用語として定義付けられており，これに関する特別の定めも用意されていますが，このような定めができたのは，消費税法については平成29（2017）年度改正，所得税法と法人税法については令和元（2019）年度改正です。

　日本国憲法は，税金のルールの重要な部分について，法律で作ることを要請しています（憲法30，84）。つまり，あるものに対して課税する定めが法律にない場合には，納税者はそのあるものを課税の対象に入れて，税金を計算し，申告する必要はありませんし，法律を執行するにすぎない税務署は，そのあるものに対して税金を課すことはできません。

　それでは，**NFTのように，税法に特別の定めがないものは，課税されないのでしょうか**。そんなことはありません。基本的に，既存の税法の定めは課税の対象を広めに設定しています。例えば，所得税法は，原則として，「暗号資産については所得税を課する」，「NFTについては所得税を課する」といったように，1つひとつ個別具体的に課税の対象を明記するような書き方をしていません。

1 暗号資産，NFTなど「新入り」の取引に対しても税金は課されるのか？

　本書で扱う各税法における課税の対象を簡単に整理すると次のようになります。

税金の種類	課税の対象
所得税	個人の所得
法人税	法人の所得
消費税	事業者による資産の譲渡，資産の貸付け，役務の提供等
相続税・贈与税	個人が相続や贈与等によって取得した財産

　上記表のとおり，それぞれの税金の課税対象は所得や資産の譲渡などとなっています。これらは，**税金を負担する能力を表す指標**のようなものです。所得税と法人税における所得とは，広く経済的利得のことであると考えておきましょう。それぞれの税金における課税対象は，抽象的で，かつ，射程範囲が広いものであることがわかります。

　もし，これまで税金の世界で扱ったことのない「新入り」が社会に出現した，社会で取引されるようになった場合には，税金のルールである税法はどのように適用されるのでしょうか。当然，初めてされた暗号資産やNFTの取引についても，誰か個人に所得（経済的利得）が生じたといえれば所得税の課税関係が発生し，これらが財産であって相続や贈与によってこれらを取得した個人がいれば相続税や贈与税の課税関係が発生します。

　このように「新入り」の取引等に対しても，**既存のものと同様に税金が課される可能性が確保されている**という点では，上記のような抽象的で射程範囲の広いルールは，ある種の公平を確保しているといえるでしょう。他方で，ルールが抽象的すぎると，納税義務が発生するのか，いくら納税することになるのか，どのタイミングで納税することになるのかなど，具体的なケースにおいて判断に迷う場面が増えます。

実際，新しいタイプの取引やビジネスに対する税金の取扱いを検討する際には，所得とは何か，資産の譲渡とは何か，財産とは何かというように，それぞれの用語や概念，ルールの意味するところを具体的に明らかにしていく作業，つまり法の解釈が求められる場合もめずらしくありません。そして，税法の条文に明確に書いていないことについては，学説や判例などを含む専門的な知識や法解釈の技術を駆使して明らかにしていくことになるため，ここは専門家の出番ということになります。

以下では，**暗号資産とNFTの税金の取扱いを知るうえでまず知っておきたい各税法の概要と暗号資産に関する特別の定め**を簡単に説明します。現状，各税法にはNFTに関する特別の定めはないため，現存する各税法のルールを適用することになります。暗号資産に関するものとともにNFTの税金の問題のうち，やや詳しい解説を要するものについても個別に取り上げます。

2

所得税と暗号資産・NFT

暗号資産の譲渡による所得は，原則として，雑所得に該当するというのが，国税庁の見解です。

所得税の課税の対象と10種類の所得

所得税は，**所得**，つまり**経済的利得**に課されます。基本的には，個人

の所得に対して課されるものです。ただし，ひとくちに所得といっても，いろいろな種類があります。所得税は，広く所得に対して課されますが，様々な種類の所得が一律に同じように課税されるわけではありません。所得税は，所得をその性質やその発生源泉に応じて，10種類に分けて，それぞれに適した所得金額の計算方法を定めています。所得の種類によっては，他の所得と比べて，税金の負担が重くなるものもあれば，軽くなるものもあります。

10種類とは，利子・配当・不動産・事業・給与・退職・山林・譲渡・一時・雑所得です（所法23～35）。以下は，ざっくりとしていますが各所得の具体例です。

①	利子所得	銀行預金の利子
②	配当所得	株式の配当金
③	不動産所得	家や土地の賃貸料収入
④	事業所得	個人商店等の事業収入
⑤	給与所得	勤め先から支払われる給与
⑥	退職所得	勤め先から支払われる退職金
⑦	山林所得	伐採した山林の譲渡収入
⑧	譲渡所得	不動産，株式，美術品などの譲渡収入
⑨	一時所得	懸賞金や（通常の場合の）競馬の払戻金
⑩	雑所得	他の種類の所得に該当しないものすべて

所得税と暗号資産・NFTとの関係では，少なくとも，事業所得，譲渡所得，一時所得，雑所得について理解しておきましょう。

所得税額は，所得金額に税率を乗じることで算出します。所得金額は，基本的に，収入から必要経費を控除して算出します。例えば，「事業所

得の金額＝収入－必要経費」,「雑所得の金額＝収入－必要経費」という算式になります（所法27，35）。この後，扶養控除，医療費控除，ふるさと納税に係る寄附金控除，住宅ローン控除といった所得控除又は税額控除を適用した後，累進税率を掛けると，所得税額が算出されます。

　事業所得や雑所得は，所得（収入）を稼ぐ活動を行っています。その稼ぐための活動に焦点を当てると，収入金額の範囲は比較的広くなりますし，その稼ぐための必要経費の範囲も広くなります。ただし，収入を稼ぐための支出ではない消費，つまり個人的な満足や利益のために支出したようなものは，必要経費にはなりません。

　譲渡所得と一時所得は，稼ぐための活動を伴わない所得です。必要経費に相当する部分が事業所得や雑所得と比べて狭くなります。例えば，譲渡所得は，何か稼ぐための活動を行っているというよりは，値上がりしている資産を譲渡した場合に得る利得にすぎません。収入の範囲は資産の譲渡によるものに限定されますし，対応する経費も譲渡した資産の取得費や譲渡経費に限定されます（所法33）。一時所得の場合は，一時的・偶発的な所得なので，必要経費という語を用いずに，収入を得るために支出した金額を控除できるとしています（所法34）。

譲渡所得

【譲渡所得の特徴】

　譲渡所得は，資産の譲渡による所得です（所法33①）。不動産，株式，絵画の譲渡による所得をイメージしておきましょう（もっとも，不動産と株式については，特別な課税制度を用意していますので注意が必要です。措法31，32，37の10，37の11等）。ただし，営利を目的として継続的に行われる資産の譲渡による所得や，山林の伐採又は譲渡による所得は譲渡所得から除かれています（所法33②）。

譲渡所得は、一般的には、他の種類の所得よりも税負担が小さくなります。譲渡所得の特徴は次のとおりです。

特徴1　特別控除
　最大50万円の特別控除
特徴2　損益通算
　損失（赤字）を他の種類の所得の利益（黒字）と相殺
特徴3　2分の1課税
　所有期間が5年を超える資産を譲渡した場合（長期譲渡所得の場合），課税の対象が半分

譲渡所得は、次の算式で計算します。

譲渡所得＝収入－（取得費＋譲渡費用）－特別控除（最大50万円）

上記の算式で控除できる経費は取得費と譲渡費用ですから、必要経費であれば控除できる雑所得と比べると、経費として控除できる範囲が少し狭いのです。ただし、取得費と譲渡費用のほかに、最大50万円の特別控除も引くことができます。この特別控除は、少額なものにまで課税しない、一時的・偶発的な所得は担税力が低いという考え方を背景として用意されているものであり、特別の適用要件はありませんが、その年に短期譲渡所得に係る譲渡益と長期譲渡所得に係る譲渡益があるときは、先に短期の譲渡益から特別控除の50万円を差し引きます。なお、各譲渡益の合計額が50万円以下のときは、その金額までしか控除できません（**特徴1**）。

また、上記の算式で計算して譲渡損失（赤字）が出た場合には、これを給与所得や雑所得など他の種類の所得（黒字）と相殺できます（**特徴2**）。一時所得や雑所得の場合は、このような相殺はできません。

さらに，長期間所有している資産の譲渡（取得の日後，5年を超えて所有している資産の譲渡）に係る利益であれば，長期譲渡所得として，課税対象が半分になります（所法22②二，33③二）(**特徴3**)。ただし，自己の著作に係る著作権や自己の研究の成果である特許権など一定の資産は5年超所有していなくとも長期譲渡所得になります（所法33③一，所令82）。これは作品（著作物）の製作や特許権の取得に何年もの期間を要する実情に配慮しているためです。

【譲渡所得が優遇されている理由】

　上記特徴1～3に見られるように，なぜ，譲渡所得は他の種類の所得と比べて優遇されているのでしょうか。これは，譲渡所得の本質，つまり譲渡所得はいったい何に課税しているのかという点と関係しています。

　譲渡所得とは資産の譲渡による所得であると定められていますが（所法33①），譲渡所得が課税しているのは，資産の譲渡益そのものというよりも，**キャピタルゲイン＝資産の値上がり益**であると解されています。

　譲渡所得の本質は，**外部的な要因や条件によってもたらされた価値の増加益（増価益）**であると理解されています。このため，棚卸資産の譲渡による利益といった納税者自身の努力や成果といえるような価値の増加益については譲渡所得に該当しません。

　キャピタルゲインは，一般に，長期間にわたって徐々に累積してきたもので，年輪のように，1年1年少しずつ価値が増加していくようなイメージです。このような所得に対して，その全額を他の種類の所得と全く同じように，譲渡のあった年の一時点で課税しようとする不都合が生じます。

　このことは，現在のわが国の所得税法が，所得が高くなれば高くなるほど適用される税率が上がる累進税率を採用していることと結び付けて理解しておく必要があります。

【所得税の速算表(平成27(2015)年分以降)】

　課税される所得金額(1,000円未満の端数金額を切り捨てた後の金額です)に対する所得税の額は,所得税の速算表(下表)を使用すると簡単に求められます。

　ところで,累進税率には,**単純累進税率**と**超過累進税率**という2つの種類があります。所得金額が195万円である個人のケースを例にして,所得金額が大きくなるにしたがって,その金額の全体に対して高い税率を適用する単純累進税率について考えてみましょう。例えば,195万円の所得がある人は,所得税の速算表に照らすと,「194.9万を超えているので,195万円全額に対して,10%で課税します」となります。所得金額が194.9万円の場合は税率が5%なのにこれよりも追加で1,000円多く稼いだだけで,195万円全額に対して10%の税率が課されることになるのですから,追加の1,000円分は稼がないほうがよかったということになります。

課税される所得金額	税率	控除額
1,000円から1,949,000円まで	5%	0円
1,950,000円から3,299,000円まで	10%	97,500円
3,300,000円から6,949,000円まで	20%	427,500円
6,950,000円から8,999,000円まで	23%	636,000円
9,000,000円から17,999,000円まで	33%	1,536,000円
18,000,000円から39,999,000円まで	40%	2,796,000円
40,000,000円以上	45%	4,796,000円

　(注)　「所得税の速算表」は超過累進税率での任意の所得金額に対する所得税額を簡易に求められるものです。例えば「課税される所得金額」が7,000,000円の場合には,求める税額は次のようになります。7,000,000円×0.23(税率)－636,000円(控除額)＝974,000円
　(出典)　国税庁タックスアンサー「No.2260 所得税の税率」

他方，超過累進税率は，単純累進税率のように一定金額を超過した場合に所得金額全体の税率が段階的に上がるのではなく，その超過部分の税率が段階的に上がっていくものです。例えば，個人の所得金額が195万円である場合，超過累進税率だと，「所得金額のうち，194.9万円までは5％で課税し，194.9万を超える分，つまり1,000円に対してのみ，10％で課税します」となります。

　日本では超過累進税率が採用されているため，税率が変わる境目となる所得金額を超えた途端に急激に税金が上がるわけではありません。

　さて，保有する資産が値上がりした場合の評価益は所得でしょうか。毎年の値上がり益自体を所得（まだ実現はしていない経済的利益）と考えることもできますが，現行所得税法は，このような未実現の利得については基本的に課税していません。

　値上がり益についても理論上は所得といえるため課税の対象とすることはあり得ますが，個人が保有する資産を毎年末に時価評価して，値上がり益や値下がり損を税金の計算上考慮するということは現実的ではないからです。時価はいくらであるか，あらゆる資産を時価評価しなければいけないのか，まだ売却していないのに納税資金をどこから捻出するのか，などたくさんの問題や不満が湧き出てくるでしょう。そこで資産を譲渡したタイミングで，課税する（値上がり益や値下がり損を計上する）こととしています。

　ただし，資産を長期間，保有している間に積もり積もったキャピタルゲインに対して譲渡時の一時点で課税するとなると，毎年時価評価して課税される場合と比較して，適用される税率が高くなってしまうという不都合が生じます。このような事情があって，おそろしいほどラフですが，**長期譲渡所得は課税の対象を2分の1にしているのです**。

　このように考えてみると，数年かけて育成した山林を伐採・譲渡したことによる所得である山林所得や，数十年勤めた会社を退職したときに

受ける退職金に係る退職所得に対しても，所得税法が似たような優遇税制を用意していることを理解できると思います。

暗号資産やNFTとの関係では，個人が譲渡した暗号資産やNFTが譲渡所得に該当するのか否かという問題があることを覚えておきましょう。この点は，後ほどお話しします。

一時所得

一時所得とは，雑所得を除いた他の8種類の所得以外の所得のうち，**営利を目的とする継続的行為から生じた所得以外の一時の所得で，労務その他の役務又は資産の譲渡の対価としての性質を有しないもの**です（所法34①）。

懸賞金や通常の場合の競馬の払戻金など，一時的・偶発的な所得が念頭に置かれています。一時所得には，譲渡所得と同じ最大50万円の特別控除があることと，長期譲渡所得と異なり，所有期間の要件なしに一律に2分の1課税が適用されるという特徴があります。〔半額〕

ただし，一時所得の損失は，他の種類の所得と相殺（損益通算）できません。また，経費の範囲がやや狭く，収入を得るために支出した金額（その収入を生じた行為をするため，又はその収入を生じた原因の発生に伴い直接要した金額に限られます）を控除できるにすぎません（所法22②二，34②③）。

暗号資産やNFTとの関係では，個人が法人から贈与を受けた場合の所得は，原則として，一時所得になることを覚えておきましょう。ただし，その贈与を受けた個人がその贈与を行った法人の役員や従業員である場合など，両者の間に一定の関係がある場合は給与所得など別の種類の所得になり得ます。なお，個人間の贈与は贈与税の問題となります。

雑所得と事業所得

　雑所得は，他の9種類の所得のいずれにも該当しない所得です。所得を利子所得から一時所得までの種類ごとに整理・分類していった場合に，どうしてもこれらの種類の所得の定義に当てはまらない，いわば「余りもの」が出てしまいます。雑所得はそういった「余りもの」をすべて受け入れて，課税の対象に入れているのです。

　この意味で，雑所得はバスケットカテゴリーともいわれます。「どんなものであるにせよ，経済的利得である以上は，とりこぼさずに，すべて所得として課税する！」という所得税法の意気込みが表れているとみてよいでしょう。雑所得は，譲渡所得と比べて，納税額が高くなる傾向にあります。

　事業所得とは，**事業から生ずる所得**です。ただし，山林所得又は譲渡所得に該当するものは除きます。ここでいう事業とは，農業，漁業，製造業，卸売業，小売業，サービス業などのほか，対価を得て継続的に行う事業をいいます。ただし，不動産の貸付業，船舶又は航空機の貸付業は除きます（所法27，所令63）。

　損失（赤字）が出た場合の取扱いについても確認しておきましょう。譲渡所得のほか，事業所得についても，損失を他の種類の所得の利益（黒字）と相殺することができます。ただし，雑所得はこれが認められていません（所法69）。

　また，譲渡所得と異なり，事業所得の場合は，その源泉である事業に継続性があるため，その年に生じた赤字を他の種類の所得の利益と相殺しきれなかった場合，余った損失を翌年以降に繰り越して，翌年以降の利益と相殺するために使用できるかという問題が出てきます。事業所得に係る損失は，帳簿書類をしっかりつけていることを前提とした青色申告書を提出しているなど所定の要件を満たしている場合には，翌年以降

3年にわたって繰り越すことができます（所法70）。もちろん，雑所得には，こうした繰越しは認められていません。

譲渡所得，事業所得，雑所得の分かれ道

　資産の譲渡による所得は，譲渡所得にもなり得ますし，事業所得や雑所得にもなり得ます。例えば，個人で商店を営んでいる場合，商品という資産を売っているわけですから，それは資産の譲渡による所得となりそうです。

　この意味で，譲渡所得にいう「資産」の意味は広いといえます。ただし，資産の譲渡（商品の譲渡も含む）による所得のうち，事業所得や雑所得になるようなもの，つまり営利目的で継続的に資産を譲渡している場合の所得は，結局，譲渡所得から除外されています（所法33②）。

　譲渡所得と，事業所得又は雑所得の分かれ目では，**その資産の譲渡の回数，数量，取引金額，資金繰りや広告宣伝の方法などを総合的に考慮**して，営利目的で継続的に行っているのであれば，事業所得又は雑所得と判断されます。

　それでは，この先はどうなっているのでしょうか。つまり，譲渡所得にならない場合に，事業所得と雑所得の分かれ道はどうなっているのでしょうか。そのイメージは，道が二手に分かれているその場所に案内人がいて，みなさんにいろいろな質問をして，その質問の回答次第で，事業所得か，雑所得になるのかが決まるといったものです。では，どのような質問が飛んでくるのでしょうか。

　だいたい次のような質問が飛んでくるでしょう。

【事業所得と雑所得のいずれかを判断する際の質問例】
- ✔ 営利性はありますか？

- ✔ 有償性はありますか？
- ✔ 反復・継続していますか？
- ✔ 自己の危険と計算による企画遂行性はありますか？
- ✔ 費やした労力の程度はどのくらいですか？
- ✔ 設備はありますか？
- ✔ 資金調達はどのようにしていますか？
- ✔ どのような生活をしていますか，副業ですか，他に仕事をしていますか？
- ✔ 社会的にはどのような地位にありますか？
- ✔ 収益の状況はどうですか，継続的・安定的に利益（黒字）が出ていますか？

　上記のうち営利性や有償性という語には少なからず評価が入っているので，営利性や有償性の判定に関わる個別具体的な事実を聞かれます。後は，質問の回答などを総合的に勘案して，事業といえるほどの規模や性質であるかの判断がなされますが，結局，グレーゾーンは残ります。

所得税法の暗号資産関連規定

　所得税法には暗号資産に関する特別の定めがあります。**所得税法上の暗号資産とは資金決済法上の暗号資産です**（所法2①十六，48の2①等）。同法は，暗号資産に関する規定として，大きく分けて次の2つを用意しています（なお，本書では暗号資産信用取引に関する規定（所令119の7，FAQ30頁）の解説は省略しています）。

① 暗号資産の贈与・低額譲渡に関する規定
② 暗号資産を譲渡する場合の計算に関する規定

① 暗号資産の贈与・低額譲渡に関する規定

個人が棚卸資産又はこれに準ずる資産を贈与（相続人に対する死因贈与を除く）又は一定の遺贈をした場合には，原則として，**その時におけるその資産の価額（時価，通常販売価額）を収入金額に算入しなければなりません**（所法40①）。この場合には，実務上，上記資産の取得価額以上，かつ，上記資産の価額のおおむね70％以上の金額で帳簿に記載し，これを事業所得の金額の計算上，総収入金額に算入することも認められています（所基通39-2）。

また，**「著しく低い価額の対価」**による譲渡をした場合には，その対価の額と譲渡時のその資産の価額との差額のうち「実質的に贈与をしたと認められる金額」が，収入金額に算入されます（所法40①）。「著しく低い価額の対価」とは，実務上，上記資産の価額のおおむね70％に満たない額をいうものとされています（所基通40-2）。

なお，実務上，資産を著しく低い価額の対価で譲渡した場合であっても，商品の型崩れ，流行遅れなどによって値引販売が行われることが通常である場合はもちろん，実質的に広告宣伝の一環として，又は金融上の換金処分として行うようなときには，上記規定の適用はないとされています（所基通40-2（注））。また，上記の「実質的に贈与をしたと認められる金額」とは，上記資産の価額のおおむね70％相当額からその対価の額を控除した金額として差し支えないとされています（所基通40-3）。

棚卸資産は販売用の資産であることなどを前提とすると，贈与や低額譲渡の場合であっても，通常販売価額で収入金額を計上することになるというルールは，それなりに合理的な理由があるといえそうです。

暗号資産の贈与や**低額譲渡**の場合はどうでしょうか。まず，現行所得税法は，暗号資産が棚卸資産に該当し得ることを認めていることの手掛かりとなるような規定を有しています。つまり，棚卸資産の定義から暗号資産を除いているのです（所法2①十六）。

もともと，暗号資産が棚卸資産に該当し得るものであることを暗に認めているといえます。暗号資産は棚卸資産の範囲から外されたため，低価法や最終仕入原価法といった棚卸資産に固有の期末評価方法を適用することはできません。

それでは，暗号資産を贈与や低額譲渡した場合には，通常販売価額で収入金額を計上することになる上記の棚卸資産のルールが適用されないかというと，そうではありません。むしろ，暗号資産は，棚卸資産であるか否かを問わず，つまり販売用であるかという保有目的を問わず，**一律に，上記ルールが適用されるようになっています**（所法40①，所令87）。例えば，個人が，関連する法人に暗号資産を贈与したり，著しく低額で譲渡したりする際には注意しましょう。

この場合に，暗号資産を贈与や低額譲渡で譲り受けた側の個人が，その暗号資産を譲渡した場合の取得価額について，通常販売価額で取得したものとみなされます（所法40②，所令119の6②二）。譲り受けた側については，その者が個人である場合（個人間における贈与や低額譲渡の場合）には贈与税，法人である場合には法人税の検討が必要です。

② 暗号資産を譲渡した場合の計算に関する規定

暗号資産を譲渡した場合の所得金額の算式は，次のとおりです。

収入金額（譲渡価額）－譲渡原価（※1）－手数料等の経費
＝所得金額

(※1) 年初暗号資産評価額＋当年中暗号資産取得価額－年末暗号資産評価額（※2）
(※2) 年末時点での1単位当たりの取得価額×年末時点で保有する数量

暗号資産を譲渡した場合の収入金額は，原則として，譲渡価額（売却価額）であり，これは暗号資産に限った話ではありません（所法36）。

この場合の譲渡は，売却や交換などを含む広い概念です。

所得税法が暗号資産に特別の定めを設けているのは，事業所得又は雑所得の計算上，必要経費に算入する金額を算定するのに必要な項目です。具体的には，暗号資産の譲渡原価等の計算，その評価の方法及びその計算の基礎となる取得価額です。

【暗号資産の取得価額】

年末時点での１単位当たりの取得価額の計算の基礎となる暗号資産の取得価額は，その取得の方法に応じて，それぞれ次のように定められています（所法40②，所令119の６，FAQ７頁）。

①	対価を支払って取得（購入）した場合	購入時に支払った対価の額
②	贈与又は遺贈により取得した場合（次の③の場合を除く）	贈与又は遺贈の時の価額（時価）
③	相続人に対する死因贈与，相続，包括遺贈又は相続人に対する特定遺贈により取得した場合	被相続人の死亡の時に，その被相続人が暗号資産について選択していた方法により評価した金額（被相続人が死亡時に保有する暗号資産の評価額）
④	著しく低い価額の対価による譲渡により取得した場合	当該対価の額と実質的に贈与があったと認められる金額との合計額
⑤	上記以外の場合（暗号資産同士の交換，マイニング（採掘），分裂（分岐）などによる取得がこれに該当）	その取得時点の価額（時価）

上記③について，根拠となる政令（所令119の６②一）は，「被相続人の死亡の時において，当該被相続人がその暗号資産につきよるべきものとされていた評価の方法により評価した金額」をもって取得価額とする旨を定めており，所得税法60条１項や67条の４という取得価額の引継ぎ

の本家ともいえる規定とは記載振りが異なります。そして，上記③のケースについて，国税庁のFAQは，他の方法による取得の場合と異なり，相続時の「価額（時価）」で評価するとは説明していないものの，「被相続人が死亡時に保有する暗号資産の評価額」という表現を用いており，やや微妙な表現となっていますが，現在のところ，被相続人の取得価額を引き継ぐような効果を有する規定であると理解されています。このような理解に基づくと非常に酷な課税が想定されます。（第2部の**事例18**「暗号資産の取得価額（相続人に対する死因贈与，相続，包括遺贈又は相続人に対する特定遺贈により取得したケース）」参照）。この政令については，適用違憲の問題や，所得税法の根拠を同法48条の2第2項に求めるならば，委任の趣旨の範囲内に収まる政令であるのかといった問題も議論の対象となります。

取得価額は，購入手数料など暗号資産の購入のために要した費用がある場合には，その費用の額を含む金額となります。なお，分裂（分岐）により暗号資産を取得した場合の取得価額はゼロ円になると考えられています。

【年末時点での1単位当たりの取得価額（暗号資産の評価方法）】

年末時点での1単位当たりの取得価額は，**総平均法又は移動平均法**のうちいずれか選択した方法により計算した金額となります。この選択は，暗号資産の種類ごとに，所轄税務署長への届出により行います。選択しなかった場合には，法定評価方法で計算することになります。**法定評価方法は，個人の納税者は総平均法**（法人の納税者は移動平均法）**になります**（所法48の2，所令119の2〜5，FAQ17, 18頁）。

移動平均法を適用するためには継続的な帳簿記録が必要になりますが，法人と異なり，個人で暗号資産を売買している方の中には，所得税法上そのような継続的な帳簿記録を作成することが必ずしも前提とされてい

ない方がいることや，そのような記録の作成を要請することが現実的ではない場合もあることなどを考えると，個人と法人で上記のとおり法定評価方法が異なることも理解できるでしょう。総平均法と移動平均法の意義は次のとおりです。

総平均法	移動平均法
暗号資産をその種類の異なるごとに区別し，その種類の同じものについて，その年1月1日において有していた種類を同じくする暗号資産の取得価額の総額とその年中に取得をした種類を同じくする暗号資産の取得価額の総額との合計額をこれらの暗号資産の総数量で除して計算した価額をその1単位当たりの取得価額とする方法	暗号資産をその種類の異なるごとに区別し，その種類の同じものについて，当初の1単位当たりの取得価額が，再び種類を同じくする暗号資産の取得をした場合にはその取得の時において有するその暗号資産とその取得をした暗号資産との数量及び取得価額を基礎として算出した平均単価によって改定されたものとみなし，以後種類を同じくする暗号資産の取得をする都度同様の方法により1単位当たりの取得価額が改定されたものとみなし，その年12月31日から最も近い日において改定されたものとみなされた1単位当たりの取得価額をその1単位当たりの取得価額とする方法

　これらの評価方法は，**暗号資産の種類（名称）ごとに選定**することとされており，初めて暗号資産を取得した場合又は異なる種類の暗号資産を取得した場合には，その取得した年分の確定申告期限（原則：翌年3月15日）までに，納税地の所轄税務署長に対し，その選定した評価方法など所定の事項を記載した届出書（所得税の暗号資産の評価方法の届出書）を提出する必要があります。すでに届出している種類の暗号資産を取得する都度，その取得した年に新たに届出をすることは必要ありません。

暗号資産の評価の方法の選定に当たっては，名称の異なる暗号資産は，それぞれ種類の異なる暗号資産として区分することとされています（所基通48の2-2）。この選定した評価方法（評価の方法を届け出なかった場合に総平均法を評価方法としていた場合を含む）を変更しようとする場合には，その変更しようとする年の3月15日までに，納税地の所轄税務署長に対し，所定の事項を記載した申請書（所得税の暗号資産の評価方法の変更承認申請書）を提出して，その承認を受ける必要があります（その提出した年の12月31日までに承認又は却下の通知がない場合は，その日において承認があったものとみなされます）。このように，評価方法の届出の場合と異なり，評価方法を変更する場合には，申請と承認というより厳格な手続を踏む必要があるので気をつけてください。

　しかも，変更前の評価方法を採用してから相当期間（特別の理由がない場合には3年）を経過していないときや変更しようとする評価方法によっては所得金額の計算が適正に行われ難いと認められるときは，その申請が却下される場合があります（所法48の2，所令101，119の2～4，所基通47-16の2，48の2-3）。

　なお，上記総平均法及び移動平均法を適用する場合における「取得」には，暗号資産を購入・売却し，又は種類の異なる暗号資産に交換しようとする際に一時的に必要なこれらの暗号資産以外の暗号資産を取得する場合におけるその取得を含みません（所令119の2②）。

　あくまで，年末時点での1単位当たりの帳簿価額の算出方法に関する文脈に限った話ですが，日本円や外国通貨と直接交換できない暗号資産が欲しい場合に，これとは種類の異なる暗号資産を介してそのお目当ての暗号資産を取得するときなどは，上記の「取得」に含まれないということになります。この場合において，一時的に必要な暗号資産の譲渡原価の計算における取得価額は，**個別法（その暗号資産について，その個々の取得価額をその取得価額とする方法）** により算出することとされ

ています（所基通48の2−1）。

> **Column** 暗号資産の「評価」の意義と居住者が年の中途で死亡又は出国した場合の取扱い
>
> 　暗号資産を譲渡した場合の計算に関する規定の説明の中で，「評価」という用語が出てきました。その用語法について，注意すべきことがあります。
>
> 　ここでいう暗号資産の「評価」とは，法人税で出てくるような期末に有する暗号資産を「時価で評価」するというものではありません。法令上，同じ「評価」という言葉が使われていますが，ここでの「評価」は，居住者の事業所得の金額又は雑所得の金額の計算上，必要経費に算入する金額を算定する場合におけるその算定の基礎となるその年末において有する暗号資産（期末暗号資産）の価額を，総平均法又は移動平均法という評価方法により「評価」することを意味しています（所法48の2）。
>
> 　いわば，取引等によって暗号資産を取得した際の取得価額をベースとして，上記いずれかの評価方法により，年末に有する暗号資産の取得価額を算出し，その算出した取得価額をもってその年末時点での1単位当たりの暗号資産の取得価額（評価額）とするものであり，このことをもって所得税法は「評価」と呼んでいるのです。この意味での所得税法における暗号資産の「評価」と法人税法における期末暗号資産の時価「評価」を混同しないようにしましょう（ただし，法人税の文脈においても，便宜上，移動平均法を法定「評価」方法として表現する場合があります）。
>
> 　また，この場合の年末とは12月31日のことですが，居住者が年の中途において死亡し，又は出国をした場合には，その死亡又は出国の時となります。移動平均法で出てくる12月31日についても同様です（所法47①，所法48の2，所令119の2①）。

3

法人税と暗号資産・NFT

法人税の課税対象

　法人税の課税の対象は，所得税と同様，法人の所得です。ただし，法人税は，所得税のように所得の種類を細かく分けていません。

　法人税法上の所得の金額は，**益金の額から損金の額を控除**して算出します（法法22①）。**益金の額の大部分は企業会計上の収益**と同じです。企業会計上の収益に該当するとしても，法人税法上の益金の額に算入しない特別の定め（別段の定め）もあります（法法21，22②）。所有する株式の受取配当金を益金に算入しない規定はその1つの例です（法法23）。

　損金の額は，原価・費用・損失の額ですから（法法22③），これも企業会計と似ています。ただし，益金の額の場合と同じように，企業会計上の原価・費用・損失に該当するとしても，法人税法上の損金の額に算入しない特別の定め（別段の定め）がある場合もあります。法人が支出した寄附金や交際費などは，企業会計上，費用に該当するとしても，法人税法上は一定の金額までしか損金の額に算入できないなど様々な特別の定めが存在しています（法法22③，37，措法61の4）。

　次に，暗号資産とNFTの法人税の取扱い上，共通して気を付けるべき2つのことについて説明します。

収益や原価・費用・損失の計上時期

　暗号資産とNFTの法人税の取扱い上，共通して気を付けるべきことの1つ目は，**収益や原価・費用・損失の計上時期**です。益金の額や損金の額の計上時期といってもよいでしょう。

　実は，法人税の課税の対象は，裸の所得というよりは，「当該事業年度の」所得の金額です。時間的な限定が付されています。過去や未来の事業年度の所得ではないということです。この「当該事業年度の」所得の金額を正しく算定するためには，「当該事業年度の」収益や「当該事業年度の」原価・費用・損失の各金額を決定する必要があります。

　つまり，収益や原価・費用・損失をいつのタイミングで計上するのか，いつの事業年度で計上するのかを決定しなければならないのです。

　資産の販売・譲渡及び役務の提供に係る収益であれば，原則として，**引渡し又は役務の提供の時に収益を計上します**（法法22の2①）。**原価の場合は対応する収益の計上の時，費用・損失はこれらが発生した時**（ただし，償却費以外の費用はその事業年度終了の日までに債務が確定したものに限ります）が計上のタイミングであると考えておいてよいでしょう（法法22③）。

　ただし，暗号資産の譲渡については，**譲渡に係る契約をした日**の事業年度に譲渡益又は譲渡損を計上します（法法61①）。この場合の譲渡は，交換や無償譲渡を含む広い概念であると解されていますが，無償で暗号資産を譲り受ける場合など一定の場合はこれに含まれないため，この場合には別途収益の計上時期を検討する必要があります。また，この規定はNFTを譲渡する取引に対しては適用されません。NFTを譲渡する取引については，通常，上記の引渡し又は役務の提供の時に収益を計上することになります。ただし，収益の計上時期については，法的根拠がやや不明なものも含めて，国税庁が通達を整備しているため，注意が必

要です。

　益金・損金の計上時期はシンプルな問題ですが，時に解決困難な問題として立ちはだかります。

無償取引や収益の計上額

　暗号資産とNFTの法人税の取扱い上，共通して気を付けるべきことの2つ目は，**無償取引や収益の計上額**の取扱いです。法人税法では，無償による資産の譲渡や役務の提供からも収益が計上されます（法法22②）。そして有償取引であろうと無償取引であろうと，収益の計上額は時価です。

　法人が暗号資産やNFTを譲渡したり，無償で譲り受けたりすると，その時点の時価で収益を計上することになります（法法22②，22の2④）。個人の所得税における贈与・低額譲渡・みなし譲渡（所法40，59）の規定との対比で理解しておきましょう（前記31頁①暗号資産の贈与・低額譲渡に関する規定と第2部の事例39・NFTの無償提供等（give-away・廃品回収サービスの利用）参照）。

　第三者との有償取引であれば，通常は，契約上の対価の額が時価と考えてよいでしょう。暗号資産との関係でいうと，暗号資産（この文脈ではコインやトークンとも呼ばれる）を発行して資金調達するいわゆるICO（Initial Coin Offering）の場合には，資金提供を受けた暗号資産発行法人は，その法人側に債務が発生する場合などを除いて，時価で暗号資産を譲渡したことになり，その全額が課税の対象になり得ます。

　法人税法では，無償又は時価よりも低額の取引であっても，原則として，**譲渡した側と譲り受けた側の双方において，時価で収益を計上する**ことになるという点に注意が必要です。保有する暗号資産や株式を誰かに無償で譲渡（贈与）した場合にも，これらの行為を行った法人側にお

いて時価で収益を計上する必要があります。暗号資産や株式を無償で譲り受けた法人側で収益を計上することはすぐに理解できると思いますが，無償で譲渡した法人側でも収益を計上しなければならないことをすぐに理解できる人は少ないかもしれません。

　もっとも，最終的に課税される所得が発生するか否かは，法人税法の中にある各種の損金不算入規定，つまり**損金への算入を認めない規定の適用があるかどうか**に大きく左右されます。例えば，贈与の場合には法人税法上の寄附金として損金算入が制限される可能性がありますし（法法37），それがその法人の役員に対するものであればやはり損金算入が制限される可能性があります（法法34）。この辺りは，専門家でも難しい判断を迫られる場合があります。

　法人が暗号資産やNFTをエアドロップ又はgiveawayする場合や，譲渡損失を計上するためにこれらを処分したりする場合には注意が必要です。

法人税法の暗号資産関連規定

　法人税法には，暗号資産に関する特別の定めがあります。この場合の暗号資産とは資金決済法上の暗号資産です（法法61①）。つまり，法人税法は，所得税法と同様に，暗号資産について独自の定義を用意せずに，資金決済法上の暗号資産の定義を借りてきています。資金決済法上の暗号資産であるということは，支払手段としての側面がどうしても強くなります。

　他方で，支払手段として実際に通用している暗号資産は多くありません。法人税法が資金決済法の暗号資産の定義を借用すること，さらにいえば，デジタル資産のうち，暗号資産に関する定めのみを特別に用意していることに妥当性があるか，など様々な角度から議論をすべきです。

第1部 理論編

法人税法は，暗号資産に関する規定として，大きく分けて次の3つを用意しています。

① 暗号資産を譲渡する場合の計算に関する規定
② 期末に保有している暗号資産の時価評価損益を計上する規定
③ 暗号資産信用取引に関する規定

本書では，このうち①と②を取り扱っています。

① 暗号資産を譲渡する場合の計算に関する規定

暗号資産を譲渡する場合の計算に関する規定の意義は複数あるのですが，ここでは，一番重要な暗号資産の譲渡損益について見ておきましょう。**暗号資産の譲渡損益**は次のとおり計算することになっています（法法61①）。

暗号資産の譲渡損益 ＝ ① － ②
　① 暗号資産の譲渡の時における有償によるその暗号資産の譲渡により通常得べき対価の額
　② その暗号資産の譲渡に係る原価の額（※）
　　（※）② ＝ ③ × ④
　　　③ 法人が選定等した1単位当たりの帳簿価額の算出の方法により算出した金額
　　　④ 譲渡をした暗号資産の数量

上記③の，法人が選定等した1単位当たりの帳簿価額の算出の方法により算出した金額に関する具体的なルールは，政令で定められています。

暗号資産の1単位当たりの帳簿価額の算出をする際に，その計算の基礎となる取得価額の算出の方法については，おおむね，購入した暗号資

産についてはその購入の代価（購入のために要した費用の額を加算した金額），それ以外のものはその取得の時におけるその暗号資産の取得のために通常要する価額です（法法61⑩，法令118の5）。

　暗号資産の譲渡に係る原価の額を計算する場合におけるその1単位当たりの帳簿価額の算出の方法は，移動平均法又は総平均法とされています（法法61⑩，法令118の6①）。この暗号資産の1単位当たりの帳簿価額の算出の方法は，その種類ごとに選定しなければなりません（法令118の6③）。

総平均法	移動平均法
暗号資産をその種類の異なるごとに区別し，その種類の同じものについて，その事業年度開始の時において有していたその暗号資産の帳簿価額とその事業年度において取得をしたその暗号資産の取得価額の総額との合計額をこれらの暗号資産の総数量で除して平均単価を算出し，その算出した平均単価をもってその1単位当たりの帳簿価額とする方法	暗号資産をその種類の異なるごとに区別し，その種類を同じくする暗号資産の取得をする都度その暗号資産のその取得の直前の帳簿価額とその取得をした暗号資産の取得価額との合計額をこれらの暗号資産の総数量で除して平均単価を算出し，その算出した平均単価をもってその1単位当たりの帳簿価額とする方法

　令和元（2019）年度の税制改正で，棚卸資産の範囲から暗号資産が除外されています（法法2二十）。これは，暗号資産は，その保有の態様によっては棚卸資産に該当することがあることも否定できないものの，その譲渡原価の計算方法が定められたため，適用条項が重複してしまうことを避けるべく行われたものです。これにより，暗号資産については，低価法や最終仕入原価法等の棚卸資産に固有の期末評価方法を適用することはできないこととなります（財務省HP「令和元年度税制改正の解説」290頁）。

暗号資産の取得をした場合には，原則として，その取得をした日の属する事業年度に係る確定申告書の提出期限までに，その暗号資産と種類を同じくする暗号資産につき，**移動平均法又は総平均法**のいずれかを選択して，書面により納税地の所轄税務署長に届け出なければなりません。

　所得税の場合の法定評価方法は総平均法ですが，**法人税の場合の法定評価方法は移動平均法**です。つまり，算出の方法を選定しなかった場合又は選定した方法により算出しなかった場合は，移動平均法を適用することになります（法法61①二，法令118の6⑦）。

　総平均法は，事業年度開始に有していた暗号資産の簿価とその事業年度において取得をした暗号資産の取得価額の「総額」との合計額を，これらの暗号資産の「総数量」で割ることで平均単価を出す方法です。この点について，「総平均法の適用に当たっては，1月ごとあるいは6月ごとに総平均法により計算した価額を取得価額とすることも認められるものと解される」（武田昌輔編著「コンメンタール法人税法 Digital」（第一法規）の法人税法61条1項の解説）という見解もありますが，このような見解が一般に支持されるのかについては議論の余地があります。

　また，注意すべきことに，移動平均法を適用する場合には暗号資産の「取得」の都度平均単価を洗い替え，総平均法を適用する場合には期首に保有する暗号資産と事業年度内に「取得」した暗号資産の取得価額を合計して平均化することとなりますが，この場合の「取得」には，次のものは含みません（法令118の6⑤）（財務省HP「令和元年度税制改正の解説」281〜282頁）。

- 暗号資産を購入又は売却し，あるいは種類の異なる暗号資産に交換しようとする際に一時的に必要なこれらの暗号資産以外の暗号資産を取得する場合におけるその取得
- その取得する暗号資産を自己以外の者の計算において有すること

となる場合におけるその取得

　あくまで，1単位当たりの帳簿価額の算出方法に関する文脈に限った話ですが，日本円や外国通貨と直接交換できない暗号資産が欲しい場合に，これとは種類の異なる暗号資産を介してそのお目当ての暗号資産を取得するときなどは，上記の「取得」に含まれないということになります。
　この場合において，一時的に必要な暗号資産の譲渡原価の計算における1単位当たりの帳簿価額は，個別法（その暗号資産について，その個々の取得価額をその取得価額とする方法）により算出することとされています（法基通2-3-65）。
　暗号資産交換業者における預り暗号資産の取得も，上記の「取得」には含まれません。

② 期末に保有している暗号資産の時価評価損益を計上する規定
　法人が期末に保有する暗号資産に係る時価評価損益に対する課税（以下「期末時価評価課税」といいます）を見ておきましょう。法人が事業年度終了の時において有する**活発な市場が存在する暗号資産（市場暗号資産）**については，時価法により評価した金額（時価評価金額）をもってその時における評価額とする必要があります。そして，その市場暗号資産を**自己の計算において有する**場合には，その評価額と帳簿価額との差額（評価損益）は，その事業年度の益金の額又は損金の額に算入しなければなりません。
　このように自己の計算において有する場合が期末時価評価課税の適用要件の1つとなっていることから，暗号資産交換業者が顧客から預かっている暗号資産は，当該業者において，期末時価評価の対象になるとしても評価損益の算入対象にはならないと解されています。また，個人が保有する暗号資産については，そもそも期末時価評価課税のような規定

はありません。

　補足しますと，法人税では，資産に係る評価損益を計上しないのが原則ですが（法法25①，33①），次のⅰ～ⅳの4つの要件を満たすと，**暗号資産の期末時価評価に係る評価益又は評価損**（時価評価金額－期末帳簿価額）を益金の額又は損金の額に算入しなければなりません（法法61②③）。

　　ⅰ　内国法人であること
　　ⅱ　事業年度終了の時において暗号資産を有していること
　　ⅲ　その暗号資産は活発な市場が存在する一定のものであること
　　ⅳ　その暗号資産を自己の計算において有していること

　上記ⅱについて，例えば，暗号資産を他に移転や譲渡できないロックアップ中である場合，DEXに流動性を供給してLPトークンを受領した場合，ラップした場合，消費貸借契約で貸し付けた場合はどうなるのかといった問題があります。

　上記ⅲについて，「活発な市場が存在する暗号資産」のみが期末時価評価の対象です。しかしながら，「活発な市場が存在する」かどうかをどのように判断するのか，という問題があります。この細かい判断基準は，法律そのものではなく，政令（法人税法施行令）で定められており，法人税法施行令118条の7が，活発な市場が存在するかどうかを判断する際のより具体的な判断基準として，次の3つの要件を定めています。

❶	売買価格・ 交換比率公表要件	継続的に売買の価格等（売買の価格のことであり，他の暗号資産との交換比率も含みます）の公表がされ，かつ，その公表がされる売買価格等がその暗号資産の売買の価格又は交換の比率の決定に重要な影響を与えているものであること
❷	取引量・ 頻度十分要件	継続的に上記❶の売買価格等の公表がされるために十分な数量及び頻度で取引が行われていること
❸	他者公表又は 取引要件	次の要件のいずれかに該当すること。 ・上記❶の売買価格等の公表がその法人以外の者によりされていること ・上記❷の取引が主としてその法人により自己の計算において行われた取引でないこと

　時価評価金額は，暗号資産の種類ごとに次のいずれかにその暗号資産の数量を乗じて計算した金額です（法令118の8①三，四，FAQ33頁）。

① 　価格等公表者によって公表されたその事業年度終了の日における市場暗号資産の最終の売買の価格。ただし，公表された同日における最終の売買の価格がない場合には，同日前の最終の売買の価格が公表された日でその事業年度終了の日の最も近い日におけるその最終の売買の価格

② 　価格等公表者によって公表されたその事業年度終了の日における市場暗号資産の最終の交換比率に，その交換比率により交換される他の市場暗号資産に係る上記①の価格を乗じて計算した金額。ただし，公表された同日における最終の交換比率がない場合には，同日前の最終の交換比率が公表された日でその事業年度終了の日に最も近い日におけるその最終の交換比率に，その交換比率により交換される他の市場暗号資産に係る上記①の価格を乗じて計算した価格

①,②の価格等公表者とは,原則として,市場暗号資産の売買価格等を継続的に公表し,かつ,その公表する売買価格等がその市場暗号資産の売買の価格又は交換の比率の決定に重要な影響を与えている場合におけるその公表をする者です。

なお,上記により,当該事業年度の益金の額又は損金の額に算入した金額に相当する金額は,翌事業年度の所得の金額の計算上,損金の額又は益金の額に算入します(法令118の9①)。いわゆる洗替処理です。

当該事業年度の翌事業年度の期首帳簿価額は,当該事業年度末における市場暗号資産の帳簿価額からその洗替処理により損金の額に算入される金額相当額を減算し,又はその帳簿価額にその洗替処理により益金の額に算入される金額相当額を加算します。取得価額への戻入れも行われることになります(法令118の9④)。

なお,市場暗号資産に該当していたものが事業年度終了時にこれに該当しない場合におけるみなし譲渡等の定めも整備されています(法法61⑥,法令118の10①)。

4

消費税と暗号資産・NFT

消費税の概要

事業者は,国内において行った課税資産の譲渡等で一定のものなどについて,消費税を納める義務があります。**課税資産の譲渡等**とは,資産

の譲渡等（事業として対価を得て行われる資産の譲渡及び貸付け並びに役務の提供）のうち，非課税となるもの以外のものです（消法2①八，九，4，5等）。納税額は，課税売上に係る消費税額から課税仕入に係る消費税額を控除して計算するため，売上等の取引のみならず仕入等の取引についても，消費税法上の課税取引なのか否かを判定する必要があります。

消費税の納税義務の有無を判定する際に，次の3つの要件が重要です。

① 事業者であること
② 国内において行ったものであること
③ 課税資産の譲渡等を行ったこと

①の事業者とは，個人事業者及び法人のことです（消法2①四）。ただし，事業者のうち，その課税期間（個人事業者は前々年，法人は原則として前々事業年度）に係る基準期間における課税売上高が1,000万円以下である者については，原則として，消費税の納税義務が免除されます（消法2①十四，9，9の2）。

②はいわゆる内外判定です（この点は70頁「**消費税の内外判定と電気通信利用役務の提供**」参照）。

③の課税資産の譲渡等とは，上記のとおり，資産の譲渡等のうち，非課税となるもの以外のものであり，その性質上事業に付随して対価を得て行われる資産の譲渡及び貸付け並びに役務の提供が含まれます（消令2③）。「資産の貸付け」には，資産に係る権利の設定その他他の者に資産を使用させる一切の行為が含まれますが，その行為のうち，電気通信利用役務の提供に該当するものは除かれています（消法2②）。

もっとも，免税事業者以外の事業者が国内において行う課税資産の譲渡等であっても，本邦からの輸出として行われる資産の譲渡又は貸付けなど一定のものは，消費税が免除されています。これは輸出免税等とい

われています（消法7）。ただし，輸出免税等の適用を受けるためには，相手方の氏名や名称，住所等を記載した書類又は帳簿の保存をし，免税取引に該当することを証明しなければなりません（消法7②，消規5①四）。

暗号資産と消費税

　平成29（2017）年度の税制改正において，暗号資産の譲渡は，**消費税法上の非課税取引**とされました。平成29（2017）年7月1日以後に国内において事業者が行う資産の譲渡等及び課税仕入れとの関係上，暗号資産は非課税とされたのです（消法6①，別表第一・第二，消令9④）。これは，資金決済法において暗号資産が支払手段として位置付けられたことや，EU等では暗号資産の譲渡は非課税とされていることなどを踏まえたものです。

　また，暗号資産の譲渡については，その性格に鑑み，法定通貨等の支払手段と同様に，課税売上割合の計算に含めないこととされています（消令48②一）（財務省HP『平成29年度　税制改正の解説』906頁）。よって，国内の暗号資産交換業者を通じて行われる暗号資産の譲渡は，消費税法上の非課税取引となります（FAQ40頁）。

　注意すべきことに上記の非課税となる取引は，**暗号資産の譲渡に限定**されています。例えば，暗号資産の貸付けに係る利用の対価（利用料）や暗号資産交換業者に対して支払う仲介手数料は，消費税の非課税取引にならず，課税取引になります。

　この点，FAQ41頁では，「当社は，国内の暗号資産交換業者との間で暗号資産貸借取引契約を締結し，保有している暗号資産を貸し付けることにより，1年後の契約期間満了時に，当該貸し付けた暗号資産に一定の料率を乗じた金額を利用料として受領しました。暗号資産交換業者が定める利用規約には，当社が暗号資産交換業者に対して暗号資産を貸し

付け,契約期間が満了した後,当該貸し付けた暗号資産と同種及び同等の暗号資産が暗号資産交換業者から当社に返還されるとともに,当該返還に際して,利用料が支払われることが規定されています。この場合の消費税の課税関係を教えてください。」という質問に対して,次のとおり回答しています。

> 利用料を対価とする暗号資産の貸付けには,消費税が課されます。
> 　暗号資産交換業者が定める利用規約には,契約期間が満了した後,貸し付けた暗号資産と同種及び同等の暗号資産が暗号資産交換業者から貴社に返還されるとともに,利用料が支払われることが規定されていることから,ご質問の取引は事業者が対価を得て行う『資産の貸付け』に該当します。
> 　また,ご質問の取引は,支払手段(暗号資産)の譲渡,利子を対価とする金銭の貸付け及び有価証券の貸付けのほか,消費税法別表第一に掲げる非課税取引のいずれにも該当しません。
> 　したがって,利用料を対価とする暗号資産の貸付けは,消費税の課税対象となります

このほか,別の論点をいくつか補足しておきます。

マイニング報酬として新たな暗号資産を取得した場合は,実務上,消費税の課税対象外取引(不課税取引)として扱われているようですが,ユーザーが支払う手数料部分,取引の内外判定及び執行面の観点も含めて議論の余地はありそうです。

法人税の期末時価評価課税の適用がある場合であっても,課税資産の譲渡等があるわけではないため,消費税の課税関係を考える必要はありません。

課税仕入に係る消費税額を計算する場合に用いる課税売上割合は,課

税期間中の「課税売上高（税抜）＋輸出免税売上高）」を分子とし，課税期間中の「課税売上高（税抜）＋輸出免税売上高＋非課税売上高」を分母として算定されます。

　この際，分母の「非課税売上高」には暗号資産の譲渡に係るものは含まれないため注意してください（消法30⑥，消令48②一）。暗号資産の譲渡以外に取引を行っていない場合には，課税売上割合がゼロとなることもあります。

　このように，課税期間中の売上（資産の譲渡等）がなく，課税売上割合の計算上の分母及び分子がともにゼロとなる場合，国税庁は，課税売上割合はゼロ％（95％未満）として取り扱うという見解を示しています（質疑応答事例「課税売上割合が０の場合の仕入控除税額の計算方法」）。この辺りの点を正確に説明しようとすると複雑になるので，税理士に相談してください。

NFTと消費税

　NFT取引の消費税については，NFTの取引のどこに着目すべきかにもよりますが（後記65頁「**NFTの取引のどこに着目すべきか**」参照），基本的には，**NFTに紐付けられた資産や権利**に着目して消費税の課税取引であるかどうか（課税資産の譲渡等や課税仕入れに該当するか否か）を判定することになり，NFTの譲渡は課税取引になるのが通常であると考えられています。ブロックチェーン上を移転するNFTそれ自体に着目して課税関係を律する規定が消費税法に存在しない中で，国税庁が，NFTに紐付けられた資産や権利ではなく，NFTそれ自体に着目して消費税の課税対象であるか否かを判定するかどうか，現時点では明らかではありません。ただし，一般にNFTといわれるものが暗号資産に該当するようなことがあるとすれば，難しい問題が待ち受けています。

他に注意すべきこととして，例えば，クリエイターが自身のデジタル作品（イラストなど）をNFT化して，発行・譲渡する場合，これは譲渡ではなくて権利の設定（著作物の利用許諾等に係る権利の設定など）であるという考え方があります。この場合，消費税法上，資産の譲渡に該当しないとしても，資産の貸付け又は役務提供（とりわけ電気通信利用役務の提供）に該当する可能性があり，いずれにしても消費税の課税の対象になる可能性が残ります（電気通信利用役務の提供については，後記70頁「**消費税の内外判定と電気通信利用役務の提供**」を参照）。

　なお，輸出免税等とNFTとの関係では，著作権等の譲渡又は貸付けで非居住者に対して行われるもの（消令17②六），非居住者に対して行われる役務の提供で国内において直接便益を享受するもの以外のもの（消令17②七）は，免税取引に該当する可能性があります。

　この場合の非居住者とは，外国為替及び外国貿易法6条1項6号の非居住者であり，居住者以外の自然人及び法人です。また同項5号において，居住者とは，本邦内に住所又は居所を有する自然人及び本邦内に主たる事務所を有する法人をいい，非居住者の本邦内の支店，出張所その他の事務所は，法律上代理権があると否とにかかわらず，その主たる事務所が外国にある場合においても居住者とみなされるとされています。

5

相続税・贈与税と暗号資産・NFT

　相続税法には暗号資産の規定はありません。

ここでは，ごく簡単に相続税・贈与税の税金の取扱いを説明します。相続税法には，相続税と贈与税の納税義務が定められています。基本的には，相続，遺贈又は贈与により，財産を取得した場合に，その取得した者に対して，取得した財産の価額を課税標準としてこれらの税が課されます（相法1の3，1の4，2，2の2。相基通11の2-1等）。

　相続人や被相続人の住所・国籍等の状況により課税財産の範囲は異なりますが，通常は，暗号資産が相続税法上の財産であって，個人が，他の個人から，相続，遺贈又は贈与により，これを取得した場合に，相続税又は贈与税の対象になると理解しておけばよいでしょう。

　暗号資産は財産的価値があることが前提となっているため（決済2⑤。令和4（2022）年6月に成立した資金決済法等の一部を改正する法律においては決済2⑭)，**相続税法上の財産に含まれる**と考えられています（FAQ37頁）。そうすると，次に検討すべきは，時価の問題です。相続税の課税価格は主として取得した財産の価額で構成されており，この場合の財産の価額はその取得の時における時価，すなわち**客観的交換価値**になります（相法11，11の2，21，21の2，22）。

　一般に市場を通じて不特定多数の当事者間における自由な取引により市場価格が形成されている場合には，これを時価としてよいのですが，市場がない場合には，他の方法で合理的に計算することになります。国税庁は，暗号資産の評価方法について，次のような説明を行っています（FAQ38頁）。

- 活発な市場[注1]が存在する暗号資産は，相続人等の納税義務者が取引を行っている暗号資産交換業者が公表する課税時期における取引価格によって評価。
- 暗号資産の評価方法については，評価通達に定めがないことから，評価通達5（評価方法の定めのない財産の評価）の定めに基づき，

評価通達に定める評価方法に準じて評価。
- この場合，活発な市場が存在する暗号資産については，活発な取引が行われることによって一定の相場が成立し，客観的な交換価値が明らかとなっていることから，外国通貨に準じて，相続人等の納税義務者が取引を行っている暗号資産交換業者が公表する課税時期における取引価格[注2,3,4]によって評価。
- 活発な市場が存在しない暗号資産の場合には，客観的な交換価値を示す一定の相場が成立していないため，その暗号資産の内容や性質，取引実態等を勘案し個別に評価[注5]。

（注1）活発な市場とは，暗号資産取引所又は暗号資産販売所において十分な数量及び頻度で取引が行われており，継続的に価格情報が提供されている場合の当該市場のこと。

（注2）「暗号資産交換業者が公表する課税時期における取引価格」には，暗号資産交換業者が納税義務者の求めに応じて提供する残高証明書に記載された取引価格を含む。

（注3）暗号資産交換業者（暗号資産販売所）において，購入価格と売却価格がそれぞれ公表されている場合には，納税義務者が暗号資産を暗号資産交換業者に売却する価格（売却価格）で評価して差し支えない。

（注4）納税義務者が複数の暗号資産交換業者で取引を行っている場合には，納税義務者の選択した暗号資産交換業者が公表する課税時期における取引価格によって評価して差し支えない。

（注5）例えば，売買実例価額，精通者意見価格等を参酌して評価する方法などが考えられる。

　NFTの相続税については，NFTに関する権利や資産が相続の対象となるものなのか否かを検討し，対象となる場合には，個別のケースに応じて，著作権そのものとして評価すべきものか，著作物を利用する権利として評価すべきものか，これら以外のものとして評価すべきものかを検討します。

相続税も贈与税も，取得した財産の価額の合計額が基礎控除額を超える場合にその超える部分の額にかかります。相続税の基礎控除額は，3,000万円＋(600万円×法定相続人の数)です。贈与税（暦年課税）の場合は年間110万円ですが，相続時精算課税を選択している場合は別の取扱いとなります（相法15，21の5，21の12，措法70の2の4等）。

なお，相続，遺贈又は個人からの贈与により取得するものについて，その取得する個人の側で所得税は課税されません（所法9①十七）。贈与の場合は，個人が法人からこれを受ける場合もありえます。法人から贈与を受けた個人は，通常，所得税の課税関係が発生し，一時所得（所法34）になると考えられています。一時所得の場合は，課税標準が2分の1になり，最大50万円の特別控除を適用できるというメリットがあります。

もっとも，暗号資産及びNFTのエアドロップやgiveawayを念頭に置くと，実務上，贈与者が法人であるのか，個人であるのかなどの判断が難しい場合があります。

6

補足①暗号資産の所得区分と期末時価評価課税

暗号資産の譲渡による所得は雑所得なのか，譲渡所得なのか

【国税庁の見解は雑所得】

暗号資産取引により生じた利益（暗号資産の譲渡による所得）について，国税庁は，次のとおり，原則として，所得税法に定められている10種類の所得の中でも，比較的税負担が重い雑所得に当たるという見解を示しています（FAQ12頁）。

暗号資産取引により生じた利益は，所得税の課税対象になり，原則として雑所得に区分されます。

暗号資産取引により生じた損益（邦貨又は外貨との相対的な関係により認識される損益）は，
- その暗号資産取引自体が事業と認められる場合（注1）
- その暗号資産取引が事業所得等の基因となる行為に付随したものである場合（注2）

を除き，雑所得に区分されます。
（注）

1 「暗号資産取引自体が事業と認められる場合」とは，例えば，暗号資産取引の収入によって生計を立てていることが客観的に明らかである場合などが該当し，この場合は事業所得に区分されます。
2 「暗号資産取引が事業所得等の基因となる行為に付随したものである場合」とは，例えば，事業所得者が，事業用資産として暗号資産を保有し，棚卸資産等の購入の際の決済手段として暗号資産を使用した場合が該当します。

　他方，日本で最も権威のある租税法の教科書は，譲渡所得に該当し得るという立場です（金子宏『租税法〔第24版〕』265頁（弘文堂，2021））。もちろん，譲渡所得に該当する可能性を認めるとしても，次頁の１つ目の考え方に基づいて事業所得や雑所得になる可能性は残ります。
　譲渡所得は，「資産の譲渡」による所得です（所法33①）。譲渡所得になり得る資産というのは，次のような資産です。

- 不動産，車，金地金，絵画などの美術品，ゴルフ会員権
- 借地権，特許権や著作権などの権利

　車などの実際に触れることができる有体物だけではなく，目に見えない，姿かたちのない無体物も譲渡所得になり得ます。不動産や株式を譲渡した場合も譲渡所得になり得ますが，これらの資産は通常の譲渡所得とは別の取扱いなので注意が必要です。
　ここでは，**経済的価値があって，かつ，譲渡可能なものが譲渡所得になり得る資産**（譲渡所得の基因となる資産）であると理解しておきましょう。そうすると，暗号資産の譲渡による所得も「資産の譲渡による

所得」として譲渡所得になるという考え方が出てきます。しかし，国税庁は暗号資産の譲渡による所得が譲渡所得に該当するという見解をとらず，原則として雑所得に該当すると主張しています。

【国税庁が雑所得とする根拠】

　上記のとおり，暗号資産取引により生じた利益（暗号資産の譲渡による所得）について，国税庁は，原則として，雑所得に当たるという見解を示しています。それでは，国税庁が雑所得であると主張する根拠はどこにあるのでしょうか。これにはいくつかの候補がありますが，最も有力な2つを紹介します。

　まず譲渡所得になり得る資産の譲渡であったとしても，営利を目的として継続的に譲渡している場合には，譲渡所得に該当せず，事業所得や雑所得になります（所法27，33②，35）。そこで，「暗号資産の譲渡による所得は，営利を目的として継続的に譲渡している場合に該当するので，譲渡所得ではない」という1つ目の考え方が登場します。

　個人商店などが商品を販売している場合は，商品という資産の譲渡だから譲渡所得になりそうですが，そうはなりません。棚卸資産の譲渡など営利目的で継続的に行われる資産の譲渡による所得は譲渡所得から除かれているのです（所法33②）。

　国税庁はこの1つ目の考え方を採用していると説明する方もいますが，ここでは，このような説明とは異なる見方を示します。「そもそも暗号資産の譲渡による所得は，譲渡所得を発生させるような，つまり所得税法33条でいうところの『資産』（譲渡所得の基因となる資産）には当たらない」という2つ目の考え方です。

　会員制のディスカウントショップを想像してください。この店では，会員証を提示しないとお店に入れず，安い商品を買うことができません。国税庁によれば，暗号資産は，譲渡所得として税金をディスカウントし

てもらうための会員証がない，資格がない，スタートラインにも立てない，ということです。暗号資産は，所得税法33条でいうところの「資産」（譲渡所得の基因となる資産）という譲渡所得を適用するための条件を満たさないからです。

　この辺りの論点について，国税庁が国会でどのように説明しているのかを確認しておきましょう。平成31（2019）年3月20日の財政金融委員会で，当時の国税庁次長は，次のように答弁しています。

> 所得税法上，譲渡所得は資産の譲渡による所得と定義されておりまして，当該所得に対する課税は，資産の値上がりによりその資産の所有者に帰属する増加益を所得として，その資産が所有者の支配を離れて他に移転するのを機会にこれを清算して課税する趣旨と解されております。
> 　この点，ビットコインなどのいわゆる暗号資産は，資金決済法上，代価の弁済のために不特定の者に対して使用することができる財産的価値と規定されており，消費税法上も支払手段に類するものとして位置付けられていることから，暗号資産の譲渡益は資産の値上がりによる増加益とは性質を異にするものと考えられるところでございます。
> 　このため，国税当局としては，暗号資産は，資産ではあるものの，譲渡所得の起因〔筆者注：条文上は「基因」〕となる資産には該当せず，その譲渡所得による所得は一般的に譲渡所得には該当しないものとして取り扱っているところでございます。

　まず，譲渡所得課税の趣旨を，値上がり益に清算課税するものだと理解していると述べられています。これは学説上の通説であり，多くの裁

判所が採用する立場でもあります。

　次に答弁では，暗号資産の支払手段性を強調しています。このような説明を経て，最終的には，譲渡所得の基因となる資産に該当しないと結論付けています。法律に書かれていることと法律の趣旨をよりどころとして，法の解釈を行っているのがわかります。

　上記の答弁は，暗号資産は所得税法33条の「資産」に該当しないという立場のように読めます（59頁の2つ目の考え方）。ただし，上記の答弁をよく見ると，「一般的に譲渡所得に該当しない」という"苦しい"答弁になっています。

　2つ目の考え方をとる場合，いわば譲渡所得になる資格がないのですから，1つ目の考え方をとる場合と異なり，論理上，譲渡所得になりようがないのですが，「一般に」という，今後，異なる取扱いをする可能性もあり得るかのような"保険"をかけているようにも見えます。

　世の中にはいろいろな暗号資産（特定のステーブルコインや詐欺コインも含めて，厳密には資金決済法上の暗号資産の定義に当てはまらないものであっても，一般に暗号資産と呼ばれることがあります）が存在するからなのか，あるいは，国税庁の立場に"揺らぎ"が生じているからでしょうか。先の答弁で，「一般に」という表現を使った理由はわかりません。

【国税庁の主張に対する疑問】

　59頁の1つ目の考え方自体は法理論的には十分成り立ちえます。これに対して，国税庁が採用しているであろう2つ目の考え方に対しては，様々な疑問が湧いてきます。

- 国税庁のように，（おそらく暗号資産には本源的価値がないという議論を前提として）暗号資産取引により生じた損益は邦貨又は

外貨との相対的な関係により認識される損益である，暗号資産は支払手段性を有していることを理由として，暗号資産の譲渡による所得は，譲渡所得の本質である**資産の値上がりによりその資産の所有者に帰属する増加益ではない**といい切ることができるのでしょうか。
- 所得税法はそこまで掘り下げて**増加益の性質を検討して，譲渡所得該当性を判断することを求めている**といえるのでしょうか。
- 暗号資産は支払手段の側面のみを有しているわけではなく，その設計やユースケースはいろいろありますが，少なくとも投資対象資産としての側面は否定できませんし，支払手段以外の使用用途を持つ暗号資産もあることを考慮すると，**暗号資産の性質を一面的に捉えること**は妥当でしょうか。およそ支払手段性があるものは，すべて本源的価値がないことになるのでしょうか。
- 資産という包括的な概念を採用しつつ，その範囲を狭めるのであれば，法律に明文の規定を設けるべきではないでしょうか。

このほか，諸外国との比較などの観点から疑問を投げかけることも可能です。

【令和4年4月15日付けの答弁】

政府は，令和4（2022）年4月15日付けで，暗号資産モナコインの譲渡等に係る税務上の取扱いに関する質問主意書に対する答弁書において，「支払手段としての性質や資産の価値の増加益が生ずる性質を複合的に有する資産」が譲渡所得の基因となる資産に該当するか否かについて，「個別具体的な資産の性質により判断される」と述べています。

支払手段としての性質を有する暗号資産の中には**資産の価値の増加益も生ずる性質を複合的に有するものもあること**を認めたうえで，そのよ

うなものが譲渡所得に該当する余地を認めているように見えます。数ある暗号資産の中で，どれがそのような譲渡所得の基因となる暗号資産に該当するのか，大変興味深いです。

内国法人によるトークン（暗号資産）の発行と期末時価評価課税

　暗号資産としてのトークンを発行して，投資家から資金調達を行うICO（Initial Coin Offering）は，法人税法上，収益としての課税を受けない資本等取引に該当しません（法法2十六，8，22⑤）。よって，基本的には，前受金や借入金などの債務に該当しない限り，投資家から払い込まれる全額をその資金調達時に収益として益金に算入することになります（法法22②，22の2。ただし，暗号資産に該当しないデジタル化証券としてのセキュリティトークンの課税上の取扱いについては，資本等取引該当性も含めて別途検討の余地があります）。

　発行時点で暗号資産に該当するのか，それとは異なるトークンにすぎないのか，時価をどのように考えるべきかなど細かい論点はありますが，その全額が収益として課税の対象となる可能性がつきまといます。場合によっては，収益の額との比較において原価の額が僅少であり，多額の納税が発生するケースも考えられます。

　平成30（2018）年3月22日の参議院財政金融委員会において，当時，国税庁次長であった藤井健志氏は，ICOの課税関係について，発行されるトークンの性質が様々であるため一概に答えることは困難であるとしつつ，次のように答弁しています。

- 資金調達者がイベント参加権を表象したトークンを販売して，そのトークンの対価としてビットコインなどの暗号資産を受領した

場合には，その受領した財産的価値はトークンを販売した収益として法人税や所得税の課税対象となる。
- 資金調達者が発行するトークンが何の権利も表象しない場合，資金提供者が行うビットコインなどの暗号資産の拠出は反対給付を伴わない寄附と認識される場合がある。この場合には，その寄附が例えば個人間で行われるときは，その寄附を受けた財産的価値は贈与税の課税対象となる。その寄附が法人間で行われるときは，その寄附を受けた資金調達者は収益として法人税の課税対象となり，寄附をした側の資金提供者である法人は寄附金として損金算入限度額の範囲内において損金となる。

　そして，発行したトークンが暗号資産に該当する場合には，期末時価評価課税の対象となるかを検討する必要があります。
　暗号資産に対する法人税の期末時価評価課税は，保有目的を問わず，いまだ実現していない利益に対して時価評価して課税するもので日本のクリプト企業の国際競争力を阻害するものであり，日本でクリプトを含むWeb3.0関連の事業を遂行する際の１つの大きな足かせともいえます。このような期末時価評価課税の問題は2021年頃からメディア等でも大きく取り上げられました。
　簡単にいえば，暗号資産を保有する法人は，暗号資産を譲渡していない段階で，あるいは，現金化していない段階で，**事実上，売却・換金が不可能**であるにもかかわらず，現金による納税を強いられる（納税のために現金を用意しなければならない）可能性があります。これでは，投資家サイドとしても，クリプト企業への投資は魅力的ではなくなります。保有目的を問わない一律の期末時価評価課税は世界に例を見ない日本独自の税制です。
　このほか，例えば，DEX（分散型取引所）のみに上場している暗号

資産や，CEX（中央集権型取引所）に上場しているが流動性が低い暗号資産が，期末時価評価課税の対象である活発な市場が存在する暗号資産に該当するかという問題もあります。この問題に関して，ご関心のある方は著者のブログ記事「暗号資産の期末時価評価課税（法人税）の改正に関する議論〜自民党 NFT・PT　ホワイトペーパー（案）とガラパゴス化した日本の現行暗号資産税制〜」をご確認ください（https://note.com/cryptotax/n/n50118bd46c83）。

なお，少なくとも期末時価評価課税については，今後の税制改正によってその対象が狭められることが期待されています。

7

補足②NFT取引に係る課税上の着目点，電気通信利用役務の提供及び源泉徴収の問題

NFT と税金の取扱いを考えるに当たって，参考となる点を確認します。

NFT の取引のどこに着目すべきか

NFT については，現在のところ，暗号資産とは違って，税法に特別な規定が存在しませんが，取引されている NFT は通常，**財産性がある**

ことを前提として，税金の取扱いを考えればよいでしょう。

NFT取引に特有の税金の取扱いを考えるに当たっては

① NFTそのもの

② NFTに紐付けられた資産ないし権利

③ NFTとこれに紐付けられた資産ないし権利に係る紐付けの態様

という3つの検討視点があります。

【NFT取引の検討視点】

①は，まさにブロックチェーン上を移転していくNFTに着目するものです。これは，NFTが暗号資産などに該当しそうなときには，重要な視点です。例えば，同じ種類のゲームアイテムのNFTでナンバリングがされていない，あるいはナンバリングがされていても実質的にユニーク性が付与されているとはいえないといったケースです。このような場合は，もはやノンファンジブルなもの（代替性がないもの）とはいえず，NFTなのかという疑問も湧きます。

ただし，税法はNFTを定義付けているわけではないので，上記のようなものがNFTであるかどうかは，税金の取扱いを考えるうえで必ず

しも重要ではないことに注意が必要です。他方で，税法は暗号資産を定義付けて特別な規定を用意しているため，上記のようなものが暗号資産に該当するかどうかは重要な問題となります。

②のNFTに紐付けられた資産や権利は重要です。NFTの場合は，暗号資産と異なり，通常，紐付いている資産や権利が存在する可能性があり，かつ，その資産や権利はバラエティに富んでいるという特徴があります。具体例として，ゲームアイテムやイラスト画像，コミュニティに参加する権利など様々なものがあり，それぞれの実態に合わせて税金上の取扱いを検討する必要があります。①と②のつながりは，「表章」，「紐付け」，「裏付け」などの語を用いて表現することができます。

③のNFTとこれに紐付けられた資産ないし権利に係る紐付けの態様とは，具体的には，デジタルコンテンツ等のデータは，ブロックチェーン上に記録されているか否か（オンチェーンなのか，オフチェーンなのか），IPFS（Inter Planetary File System）など分散型ストレージによって管理されているか，といった視点です。ただし，このような視点が税金の取扱いにどう影響するのか，あるいは全く影響しないのかは，別途個別の論点ごとに検討する必要があります。

デジタル資産は法の想定外？（非課税規定の適用問題）

NFTの登場により，法人・個人を問わずデジタルの資産を取引する機会が増えてくると，デジタル資産やデジタルの世界の取引を想定していない税法の規定をNFTに適用することで，思わぬ問題が生じる可能性があります。

例えば，一般の個人の方が実物絵画を譲渡した場合の所得は非課税となる可能性があります。譲渡した資産が，次の要件のすべてを満たすと，譲渡益が非課税となる規定があるからです（所法9①九，所令25）。

- 自己又はその配偶者その他の親族が生活の用に供するものであること
- 生活に通常必要な動産であること
- 貴金属等^(注1)又は美術工芸品等^(注2)に該当しないこと，あるいは，これらに該当する場合に1個又は1組の価額が30万円以下であること

（注1）貴石，半貴石，貴金属，真珠及びこれらの製品，べっこう製品，さんご製品，こはく製品，ぞうげ製品並びに七宝製品
（注2）書画，骨董及び美術工芸品

　これは，生活用動産の譲渡により譲渡所得が発生する場合に，その所得を非課税とする規定です。業として絵画の売買を行っている方などは除きますが，一般の個人の方が，時価30万円以下の実物絵画を譲渡した場合の所得は譲渡所得であったとしても非課税となり得るということです。

　ただし，譲渡により利益が出る場合には非課税となる一方，譲渡により損失が出る場合にはその損失相当額はなかったものとされます（所法9①九，②一）。つまり，損失を他の所得と相殺することができなくなるのです。譲渡益に課税しないのですから譲渡損も課税上考慮しない，あるいは譲渡損を課税上考慮しないので譲渡益には課税しない，という理屈です。

　それでは，**実物絵画をNFT化して譲渡する場合**にも，同じように譲渡益非課税・譲渡損失無視の規定が適用されるのでしょうか。

　この点に関する国税庁の公式見解は出ていません。NFTを売買するといった場合に，関係当事者は，究極的にはその紐付いている資産や権利を売買の目的物，あるいは取引の対象として考えているという関係当事者の意思や，（ここは様々な議論があるのですが）NFTの価値の源を考えると，NFTに紐付けられた資産や権利はNFT取引において重要

な要素であると思います。そうであれば，税金の取扱いを検討する際に，基本的には，66頁②のNFTに紐付けられた資産や権利に着目すべきです。

このように考えてみると，たとえ，実物絵画をNFT化したとしても，結局，重要なのは取引の対象となった実物絵画であるということになり，NFT化せずに実物絵画を売った場合と比べて税金の取扱いは変わらないという見解が出てきます。

本書はこの見解を支持しているのですが，NFTが暗号資産に該当する場合や，NFTに資産や権利といえるようなものが紐付いていない場合などを想定すると，この見解がすべての事例に妥当するというわけでもなさそうです。

他方，**デジタル絵画やデジタルコンテンツをNFT化して譲渡する場合**には，譲渡益非課税・譲渡損失無視の規定は適用されません。なぜなら，この規定は「動産」つまり有体物の譲渡を対象としており，デジタル資産は適用対象外であるからです。

上記の譲渡益非課税規定は，昭和25（1950）年の改正で創設された規定です。この規定は，戦後のインフレ期という経済情勢を踏まえて，家にある家財や衣類などを少しずつ売って，何とか食いつないでいくタケノコ生活を念頭に，そのような場合における家財や衣類等の譲渡から得た利得に対して課税するのは不穏当であるため，非課税とする趣旨で設けられたものです。

しかしながら，今日においてその趣旨はやや時代に合っておらず，この規定の存在意義はむしろ，生活の用に供していた一定の動産を譲渡した場合に生じる譲渡損（赤字）を所得の計算上，無視すること，他の所得との相殺を認めないことにあるという説明が妥当かもしれません。

このような規定の趣旨からすれば，非課税の対象を生活用の「動産」に限定することにも理由があります。もっとも，現代において一般の個

人が自分の着ていた服をフリマアプリで売った場合の所得が非課税になることを考えると，これに課税するのは本当に不穏当なのか，という疑問を持つ方もいらっしゃると思います。ただし，このような場合，通常は譲渡損が出るのですが，その譲渡損は課税上なかったものとされるというオチが待っています。

また，NFT の登場により，デジタル資産を保有し，譲渡する取引が広がりつつある中で，このような「動産」に限定する規定によって，実物資産とデジタル資産の税金上の取扱いを異にすることが妥当であるか否かについては，議論の余地があるでしょう。

NFT 取引と暗号資産

NFT の購入代金やガス代は暗号資産で支払うことが通常です。このとき，所有していた暗号資産が値上がりしていると，暗号資産の取得価額と NFT の購入価額（購入時の NFT の時価）との差額が，所得として課税の対象になるので注意が必要です。逆に暗号資産が値下がりしていれば損失が発生します。ETH を MATIC（いずれも暗号資産の名称です。14頁参照）にするなど，暗号資産同士を交換する場合も同じです。

消費税の内外判定と電気通信利用役務の提供

【内外判定】

事業者は，国内において行った課税資産の譲渡等で一定のものなどについて，消費税を納める義務があります。ここでは，資産の譲渡等が国内において行われたかどうかという内外判定について確認しておきます。その判定は，次の場合の区分に応じて，それぞれに定める場所が国内にあるかどうかにより行います。

- 資産の譲渡又は貸付けの場合

基本的には，その譲渡又は貸付けが行われる時においてその**資産が所在していた場所**が国内にあるかどうかで判定します。

ただし，その資産が船舶，航空機，鉱業権，特許権，著作権，国債証券，株券その他の資産でその所在していた場所が明らかでないものは，別途，消費税法施行令6条1項等に細かく内外判定の仕方が定められています（消令6①③）。

著作権（出版権及び著作隣接権その他これに準ずる権利を含む）又は特別の技術による生産方式及びこれに準ずるもの（著作権等）は，**著作権等の譲渡又は貸付けを行う者の住所地**が国内にあるかどうかで判定します（消令6①七）。

船舶，航空機，鉱業権，特許権，著作権，国債証券，株券など消費税法施行令6条1項1号〜9号以外の資産でその所在していた場所が明らかでないものは，**その資産の譲渡又は貸付けを行う者の当該譲渡又は貸付けに係る事務所等の所在地**が国内にあるかどうかで判定します（消令6①十）。

- 電気通信利用役務の提供以外の役務の提供の場合

基本的には，その**役務の提供が行われた場所**が国内にあるかどうかで判定します（消令6②）。ただし，その役務の提供が国際運輸，国際通信その他の役務の提供でその役務の提供が行われた場所が明らかでないものは，別途，消費税法施行令6条2項等に細かく内外判定の仕方が定められています。

国際運輸，国際通信などの役務の提供以外のもので国内及び国内以外の地域にわたって行われる役務の提供その他の役務の提供が行われた場所が明らかでないものは，**役務の提供を行う者の役務の提供に係る事務所等の所在地**が国内にあるかどうかで判定します（消令6②六）。

- **電気通信利用役務の提供の場合**

電気通信利用役務の提供とは，資産の譲渡等のうち，電気通信回線を介して行われる著作物の提供（その著作物の利用の許諾に係る取引を含む）その他の電気通信回線を介して行われる役務の提供です。例えば，インターネット等を通じて行われる電子書籍・電子新聞・音楽・映像・ソフトウエア（ゲームなどの様々なアプリケーションを含む）の配信などがこれに該当します（消基通5-8-3）。

ただし，この場合の役務の提供からは，電話，電信その他の通信設備を用いて他人の通信を媒介する役務の提供や，他の資産の譲渡等の結果の通知その他の他の資産の譲渡等に付随して行われる役務の提供が除かれています。なお，資産の貸付けには，資産に係る権利の設定その他他の者に資産を使用させる一切の行為が含まれる一方，その行為のうち，電気通信利用役務の提供に該当するものは除かれます。（消法2①八の三，2②）。

電気通信利用役務の提供の場合は，**その電気通信利用役務の提供を受ける者の住所若しくは居所**（現在まで引き続いて1年以上居住する場所をいう）**又は本店若しくは主たる事務所の所在地**が，国内にあるかどうかで判定します。ただし，上記の場所がないときは，当該資産の譲渡等は国内以外の地域で行われたものとなります（消法4③三）。

なお，電気通信利用役務の提供の場合は，単なる内外判定のみならず，納税義務者の判定にも気を付ける必要があります。国外事業者が国内事業者に事業者向け電気通信利用役務を提供する場合，**役務の提供を受けた国内事業者が消費税の納税義務を負います**（リバースチャージ方式）。**事業者向け電気通信利用役務の提供**とは，国外事業者が行う電気通信利用役務の提供のうち，その役務の性質又は取引条件等からその役務の提供を受ける者が通常事業者に限られるものをいいます（消法2①八の四）。

他方，国外事業者が行う電気通信利用役務の提供のうち事業者向け電気通信利用役務の提供以外のものについては，その**国外事業者**が消費税を納税する義務を負います（国外事業者申告納税方式）。国外事業者とは，所得税法2条1項5号に規定する非居住者である個人事業者及び法人税法2条4号に規定する外国法人をいいます。例えば，これらの事業者が，国内に電気通信利用役務の提供を行う事務所等を有していたとしても国外事業者に該当します（消基通1-6-1）。

以上を踏まえて，国内事業者が行うNFT取引との関係では，国内事業者が電気通信利用役務の**提供を受ける場合**には，**リバースチャージ方式により当該国内事業者が納税義務を負うか**という点や，**課税仕入れに該当するか**という点を特に検討します。

逆に，国内事業者が電気通信利用役務の**提供をする場合**には，**国外取引として課税対象外になるか，そうではなく課税対象になるか**という点を特に検討します。例えば，国内のクリエイターが国外のマーケットプレイスでデジタル作品に係るNFTを販売する場合に，その**販売が電気通信利用役務の提供に該当する**のであれば，①NFTの購入者が国内に住所等を有しておらず国外取引に該当して消費税の課税対象にならないか，②NFTの購入者が国内に住所等を有しており国内取引に該当して消費税の課税対象になるかを検討します。

他方で，国内のクリエイターが**電気通信利用役務の提供に該当しない資産の譲渡等をする場合**には，結局，その者の資産の譲渡等に係る住所地や事務所等の所在地が国内にあるものとして国内取引に該当する可能性が高くなりますが，相手方が非居住者であるときは**輸出免税取引該当性**を検討することになります。

いずれにしても，通常，相手方の本名や住所等を確認することをしないNFT取引において取引の相手方が国内に住所等を有するか，非居住

者であるか等を確認したり，輸出免税の適用を受けるために相手方の氏名や名称，住所等を記載した書類又は帳簿を保存したりすることがどこまで現実的であるかも含めて，議論の余地がありそうです。

　以上は，いずれもNFT取引を行う上で重要な論点ですが，80頁の「NFT取引に係る源泉徴収」と同様に著作権法の問題が絡む複雑な論点であると同時に，NFT取引の電気通信利用役務提供該当性，外国の著作権法との関係性も含めて，国税庁はこの点に関する公式の見解を示していないため，税理士に要相談です。場合によっては，著作権法に詳しい弁護士に相談する必要もあります。

NFT・FTに関する国税庁タックスアンサー

【タックスアンサー】

　2022年4月1日に，国税庁は，NFTとFT（ファンジブルトークン：代替性トークン）の税金に関するタックスアンサーNo.1525-2「NFTやFTを用いた取引を行った場合の課税関係」を公表しました。このタックスアンサーの対象税目は所得税です。タックスアンサーは，次のように述べています。

概要

　1　いわゆるNFT（非代替性トークン）やFT（代替性トークン）が，暗号資産などの財産的価値を有する資産と交換できるものである場合，そのNFTやFTを用いた取引については，所得税の課税対象となります。

※　財産的価値を有する資産と交換できないNFTやFTを用いた取引については，所得税の課税対象となりません。

2 所得税の課税対象となる場合の所得区分は，概ね次のとおりです。
(1) 役務提供などにより，NFTやFTを取得した場合
- 役務提供の対価として，NFTやFTを取得した場合は，事業所得，給与所得または雑所得に区分されます。
- 臨時・偶発的にNFTやFTを取得した場合は，一時所得に区分されます。
- 上記以外の場合は，雑所得に区分されます。

(2) NFTやFTを譲渡した場合
- 譲渡したNFTやFTが，譲渡所得の基因となる資産に該当する場合（その所得が譲渡したNFTやFTの値上がり益（キャピタル・ゲイン）と認められる場合）は，譲渡所得に区分されます。
(注) NFTやFTの譲渡が，営利を目的として継続的に行われている場合は，譲渡所得ではなく，雑所得または事業所得に区分されます。
- 譲渡したNFTやFTが，譲渡所得の基因となる資産に該当しない場合は，雑所得（規模等によっては事業所得）に区分されます。

【FTとは】

タックスアンサーは，NFT，FT又はトークンの定義を説明していません。ここでいうFTについて，少し考えてみましょう。

所得税法上の暗号資産は，資金決済法上の暗号資産です（所法2①十六，48の2①等）。資金決済法上の暗号資産は，いずれも財産的価値が

あることを前提としています（決済2⑤）。よって，所得税法上の暗号資産も財産的価値があることが前提となります。

　FTだけど財産的価値がないものは資金決済法上の暗号資産に該当せず，よって所得税法上の暗号資産にも該当しないことになります。資金決済法上の暗号資産は，いずれも支払手段性を有することを前提とするならば，FTだけど支払手段性がないものは資金決済法上の暗号資産に該当せず，よって所得税法上の暗号資産にも該当しないということになるでしょう。FTの候補として，**金融商品取引法2条3項の電子記録移転権利，資金決済法3条の前払式支払手段，通貨建資産に該当するステーブルコイン（電子決済手段）**を挙げることができます。

　また，一般にNFTといわれるものの中には実際にはFTというべきものが含まれていることもあります。本書も，少なくとも課税関係を考えるうえでは，資金決済法上の暗号資産に該当しない以上，NFTであろうが，厳密にはFTというべきものであろうが，それほど大きな影響はないという前提のもと，1つひとつのNFTについて，本当にノンファンジブルなのかどうかを厳密に検討して，NFTと呼んでいるわけではありません。

【財産的価値を有する資産と交換】

　74頁のタックスアンサーの記述を見る限り，国税庁は，財産的価値を有する資産と交換できるNFT又はFTと，交換できないNFT又はFTの両方が存在するという認識をもっていることがわかります。

　注意すべきは，NFTやFTそのものが財産的価値を有するか否かを直接的に問題としているわけではないことです。いいかえると，「財産的価値を有する」NFT又はFTを用いた取引とするのではなく，暗号資産などの「財産的価値を有する資産と交換できる」NFT又はFTを用いた取引と表現している点に注意を向けておきましょう。

このような表現を用いた場合の効果や影響，このような表現を採用した意図については，次のように推測されます。

① 課税対象の判断を行う際に，NFT 又は FT が，財産的価値を有するか否かを直接的に判断する必要がない。
② NFT 又は FT が財産的価値を有するものと交換される取引，つまり NFT 又は FT が相手方に移転し，その見返りとして財産的価値を有する資産の移転を受けるような取引が課税対象となる。

①は，それ自体財産的価値を有しない NFT や FT が存在すること，あるいは（現段階では）NFT や FT の価値の評価が難しい場合があることを前提に，NFT や FT を取引する場合に見返りとして授受するものに財産的価値があるかどうかで，間接的に，NFT 又は FT の財産的価値，ひいては所得（収入）該当性を判断するという意図があるのかもしれません。

念のために述べておきますが，納税者が財産的価値のある NFT や FT を譲渡する見返りとして，財産的価値のあるものを受領しないことを選択した場合に，その NFT や FT が所得税の課税対象から除外される意味ではありませんし，この場合に，その NFT や FT 自体の財産的価値がゼロとされる意味でもありません。

②は，譲渡可能なものであることを条件として，所得税の課税対象とするという意図があるのかもしれません。国税庁は，出席証明の用途などに用いられる POAP（Proof of Attendance Protocol（ポープ）；NFT 化された参加証明バッジ）で，譲渡不可能に設計している NFT などが所得税の課税の対象にはならないというメッセージを送ってくれているのかもしれません。

もちろん，POAP の mint に関連して金銭のやりとりが発生する場合

は何らかの課税関係が生じますし，譲渡「不可能」なものを「可能」にする道が残されていると，議論はややこしくなります。

【雑所得に区分】
　75頁のタックスアンサーの「上記以外の場合は，雑所得に区分されます。」という部分については，配当所得，不動産所得，退職所得など他の所得区分もあり得るのではないかという指摘もありそうですが，たとえ他の所得区分もあり得るとしても，国税庁は単に典型的な例を挙げているにすぎない，と理解すれば足りるでしょう（タックスアンサーはそもそも法令でも通達でもありません）。

【譲渡所得の基因となる資産に該当する場合】
　75頁のタックスアンサーが，NFTやFTを用いた取引の譲渡所得該当性を認めている点は重要ですが，「譲渡したNFTやFTが，譲渡所得の基因となる資産に該当する場合（その所得が譲渡したNFTやFTの値上がり益（キャピタル・ゲイン）と認められる場合）」という部分は，どう理解すればよいでしょうか。
　上記の表現からすると，「譲渡所得の基因となる資産」に該当するか否かはNFT次第であって，NFTそのものに着目しているように読めます。NFTがこれと紐付いているデジタルコンテンツを利用等する権利を表章するようなものである場合に，その権利の内容や性質を無視して，NFT単体で「譲渡所得の基因となる資産」該当性や「値上がり益」該当性を判断するということでしょうか。それが認められるならば，どんなものでもNFT化することで，容易に所得区分を変更できてしまうように思います。
　例えば，暗号資産や不動産をNFT化して譲渡した場合には，暗号資産や不動産の譲渡ではなく，これらの資産とは異なるNFTの譲渡をし

たことになり，所得区分の規定も含めてこれらの資産に関連する税制の適用がないということになりそうです。

他方で，タックスアンサーは，NFTに紐付けられた資産ないし権利に着目し，重視する立場であると理解するならば，それはそれで説明不足か，誤解を招く表現であるということになってしまいます。

なお，譲渡所得該当性が認められることと，実際に譲渡所得として判断されることは別問題なので，注意が必要です。アーティストやクリエイター，NFT販売業者の方は，雑所得又は事業所得に該当することが通常です。個別の状況にもよりますが，一般の個人の方がNFTを売買しているケースは，譲渡所得になることもめずらしくないでしょう。

【譲渡所得の基因となる資産に該当しない場合】

国税庁は，これまで暗号資産は譲渡所得の基因となる資産に該当しないと考えてきました（61頁参照）。

タックスアンサーの「譲渡したNFTやFTが，譲渡所得の基因となる資産に該当しない場合は，雑所得（規模等によっては事業所得）に区分されます。」という部分は，暗号資産との関係で重要な一文であり，暗号資産の譲渡による所得は，NFTやFTと異なり，譲渡所得にはなり得ず，原則として，雑所得というこれまでの国税庁の立場は堅持されていると考えてよいでしょう。

【今後の展望】

NFTの譲渡所得該当性が認められたということは，税金の取扱い上，注意しなければならないことが増加します。この点について考えておくべきことは譲渡益非課税・譲渡損失無視の規定の適用の有無，雑所得や事業所得よりも狭い経費規定のほか，長期譲渡所得の優遇規定の功罪についてです（前記22頁「**譲渡所得**」及び67頁「**デジタル資産は法の想定**

外？」参照）。

　通常，譲渡所得の場合，長期間所有している資産の譲渡（取得の日後，5年を超えて所有している資産の譲渡）に係る利益であれば，長期譲渡所得として，課税対象が半分になります。

　そうすると，譲渡所得となるNFTを購入した後は，譲渡したら課税されるから譲渡しないとか，長期譲渡所得の恩恵に預かるため，5年間は2次流通に出さないと考える個人の方が増えるかもしれません（ロックイン効果）。NFT取引で得た所得が，雑所得ではなく，譲渡所得になり得るということは，NFTの需要や2次流通市場への供給などに影響がありそうです。

　なお，資金決済法上の前払式支払手段であるJPYCや通貨建資産に該当するステーブルコインは，暗号資産に該当しないFTにあたる可能性がありますが，これらは資金決済法上の暗号資産に該当しない限りにおいて，各税制の暗号資産関連規定の適用はありませんのでご注意ください。

　これらについて，国税庁は，棚卸資産の規定を適用するのか，暗号資産の規定を準用するのか，非減価償却資産として減価償却資産の規定を準用するのかなど，その課税上の取扱いについて，現時点では公式見解を示しておりません。

【NFT取引に係る源泉徴収】

　NFTと源泉所得税について，一般的に考えられている取扱いを説明します。ただし，実際には，著作権（や著作物）の使用料該当性や租税条約の適用の有無など難しい論点を検討する必要があります。70頁の消費税の内外判定や納税義務者の判定と同様に著作権法の問題が絡む複雑な論点であると同時に，いずれもNFT取引を行う上で重要な論点ですが，国税庁はこの点に関する公式の見解を示していないため，税理士に

要相談です。

　クリエイターが自身のデジタル作品（イラストなど）をNFT化して，発行・譲渡する場合，これは譲渡ではなくて権利の設定であるという考え方があります。この場合に設定される権利が，著作物の利用許諾等に係る権利である場合には，その設定に係る使用料を支払う者がその支払いの際に源泉所得税を徴収しなければならないかを検討する必要があります。

　具体的には，著作権（著作隣接権を含む）の使用料，すなわち著作物の利用の対価の支払先（受領者）が居住者（国内に住所を有し，又は現在まで引き続いて1年以上居所を有する個人。所法2①三）に該当するか，あるいは非居住者（居住者以外の個人。所法2①五）又は外国法人（内国法人以外の法人。所法2①七）に該当するかによって検討ポイントが異なります。なお，支払先が，内国法人（国内に本店又は主たる事務所を有する法人。所法2①六）である場合は，源泉徴収の対象となりません（所法174，212③）。

【居住者に対して，著作権の使用料を支払う場合】
　国内のNFTクリエイターから作品を購入した場合，購入者が支払いの際に，そのクリエイターの分の源泉所得税を徴収しなければならないのかという点を検討します。NFT取引に伴い，居住者に対して国内において支払いをする場合は，その支払いが著作権の使用料に該当するか，源泉徴収義務者になりうるかなどがポイントになります。

　NFTの取引に伴い，その居住者に対して，「著作権（著作隣接権を含む。）の使用料」の対価を支払う場合に，源泉所得税を徴収する義務があります。源泉徴収税額は，復興所得税を除けば，その使用料の額に10％（ただし，同一人に対して1回に支払われる金額が100万円を超える場合には，その超える部分については20％）を乗じた額です（所法

204①一，205）。

　ただし，すべての支払者が源泉徴収義務者（所法6）になるわけではありません。支払者が，（使用人を雇用しており，その使用人に係る）給与等につき所得税を徴収して納付すべき個人以外の個人に該当する場合には，その支払いは源泉徴収義務の対象になりません。この場合の給与等につき所得税を徴収して納付すべき個人には，実際に徴収して納付する税額がない者も含まれます。なお，支払者が常時2人以下の家事使用人のみに対して給与等の支払いをする個人に該当する場合には，その支払いは源泉徴収の対象になりません（所法184，200，204②二，所基通204-5）。

　したがって，会社勤めの方など，給与等の支払者（受領者ではありません）に該当しない一般の個人の方が，NFTの取引に伴い，著作物の利用許諾等に係る権利の設定の対価（使用料）を支払う場合であっても，通常，その個人の方がその支払いの際に源泉徴収義務を負うことはないと考えます。他方，この場合の支払者が法人であるときは，源泉徴収義務の有無の検討が必須です。

【非居住者又は外国法人に対して，著作権の使用料等を支払う場合】

　国外のNFTクリエイターから作品を購入した場合，購入者が支払いの際に，そのクリエイターの分の源泉所得税を徴収しなければならないのかという点を検討します。注意すべきは，居住者に対して著作権の使用料を支払う場合と異なり，個人事業主ではなく会社勤めの方など一般の個人の方であっても源泉徴収義務者になり得るという点です。

　NFT取引に伴い，非居住者又は外国法人に対して国内において支払いをする場合は，その支払いが著作権の使用料又は（居住者に対する支払いの場合と異なり，使用料のみならず）その譲渡による対価に該当するか，国内に所得の発生源泉があると認められるか，どの国との租税条

約が適用されるかなどがポイントになります。

　国内において業務を行う者が，非居住者又は外国法人に対して，国内において，「著作権（出版権及び著作隣接権その他これに準ずるものを含む。）の使用料又はその譲渡による対価」（著作権法2①一の著作物の複製，上演，演奏，放送，展示，上映，翻訳，編曲，脚色，映画化その他著作物の利用又は出版権の設定につき支払いを受ける対価）で当該業務に係るもの（国内において行う業務の用に供されている部分に対応するもの）の支払いをする場合は，その支払いの際，源泉所得税を徴収する義務があります（所法161①十一ロ，212，所基通161-33，161-35）。源泉徴収税額は，その支払をする金額の20％です（所法213①一）。

　ただし，著作権の「使用料」について，次のようなケースを想定する必要があるため，結局はケースバイケースで対応する必要があります。

- 租税条約により，所得の発生の源泉があるとされる国（源泉地国）では免税又は20％よりも低い税率となるケース
- 租税条約により，源泉地を決定する場合に上記のように使用地に着目する国内法と異なり，債務者（支払者）の居住地に着目するケース
- 非居住者又は外国法人が国内に支店や工場等を有しているために取扱いが異なりうるケース

　なお，国外において支払いを行う場合は源泉徴収の対象とならないのが原則ですが，その支払いをする者が国内に住所又は居所を有し，あるいは国内に事務所，事業所その他これらに準ずるものを有するときは，国内において支払うものとみなされます（所法212②）。

第2部　事例解説編

　第2部では，暗号資産とNFTの税務に関する重要な事例をピックアップして解説します。国税庁のFAQを参照している場合には，FAQの該当頁を各事例の末尾に示しています。中には，国税庁の公式の見解が出ていない，法的な議論が未成熟であるものの，現在，実務上行われている処理やその根拠となる考え方をあえて記載しているものも存在します。このことをご理解いただき，**実際の税務処理・申告については税理士にご相談ください。**

　第2部は「暗号資産関係：所得税・法人税」，「暗号資産関係：相続税」，「暗号資産関係：法定調書」，「NFT関係」の順に事例解説を行っています。ただし，**「暗号資産関係：所得税・法人税」では所得税の取扱いを中心に解説**することとし，特に必要があると判断した場合のみ，法人税の取扱いについても説明しています。法人税を含む各税法の取扱いの基本的な部分は，第1部理論編でご確認ください。

　なお，本書においてNFTとは，主にデジタルのアートやイラストと紐付いているNFT，Axie InfinityやSTEPNなどの暗号資産等を稼ぐことで収益化を図れるようなBCGにおけるNFTであるゲームアイテム，キャラクターを想定しています（実物絵画の議論については，67頁「デジタル資産は法の想定外？」参照）。

　一般に，NFTと呼ばれているものの中には，実際には非代替的であるとはいい難く，FT（ファンジブルトークン）というべきものも存在していますが，ここではすべてNFTであることを前提とします。また，取引等におけるNFTの数量はすべて1であることを前提に記述します。

第2部　事例解説編をお読みいただくに当たって

　私（藤本）は，普段，税理士として，暗号資産やNFTの税務相談，損益計算，確定申告書の作成業務等の依頼を多くいただいております。税理士として，暗号資産の税金計算をするとき，納税者の方からよく聞かれる質問の1つに，「まだ暗号資産を日本円と交換していないのですが，なぜ税金が課されるのですか？」というものがあります。

　特に，ADA（エイダ。暗号資産の名称。暗号資産の名称については，14頁をご参照ください）をプレセールで取得した人にとっては，現在進行形で頭を悩ませている問題でしょうし，ETHを使ってNFTを購入した人，NFTを購入するためにBTCとETHを交換した人も同様でしょう。このような疑問に対する私なりの回答を簡単に説明します。

　税金を課される所得として，皆さんがイメージするのは，自分の口座に振り込まれる給与や事業の報酬だと思います。これらは日本円で振り込まれることが通常です。このため，「日本円を獲得」→「税金が課される」といった認識を持たれている方は多いでしょう。しかし，税法の世界のルールは，時折，世間一般の認識や常識とは少し異なる考え方で作られています。

　具体的には，**収入や費用の計上時期（タイミング）に関する税法のルール**のことです。所得の発生と認識については，かなり奥が深い世界ですので，ここでは，簡単にイメージをつかんでいただければよいと思います。

　魚と肉の物々交換を想定してみましょう。自分が魚を相手に渡し，代わりに相手から肉をもらうというのは，魚を譲渡し，肉を収入したという感じになりますね。この交換によって，その所有していたもの（魚）の価値の増加益が確定し，外部から収入（肉）が入ってくると考えてもよいかもしれません。この時点で所有していたもの（魚）の価値の増加益に対して，税金が課されることとなります。日本円で肉を購入する場

合，こうした考え方はしません（この購入を，「日本円を譲渡して収入を得た」とはいいません）。この程度の理解でよいと思います。

　いずれにせよ，BTC を譲渡して，代わりに ETH を譲り受けた場合には，BTC の含み益又は含み損（取得した金額と譲渡時の時価との差額と考えておきましょう）を計上することになるのです。こういった場合に，暗号資産同士の交換は「課税イベント」であるとか，「利確（利益確定）のタイミング」であると一般に表現されています。

暗号資産関係

所得税・法人税

事例 1　暗号資産取引の所得区分

Q 暗号資産取引により生じた利益は，所得税法上のどの所得に区分されますか。

A

　暗号資産取引により生じた利益について，国税庁は原則として雑所得に該当するという立場です。ただし，事業所得に該当する場合もあります。譲渡所得に該当する可能性については様々な議論があります（この論点については，第 1 部57頁「暗号資産の譲渡による所得は雑所得なのか，譲渡所得なのか」を参照）。

【参考】FAQ12頁

事例2 暗号資産を日本円で売却

Q 次の取引を行った場合に、所得金額の計算はどうなりますか。

1．2017年12月1日に200万円で2BTC（1BTC＝100万円）を購入した。
2．2022年4月1日に0.5BTCを250万円（1BTC＝500万円）で売却した。
※手数料については省略。

A

次のとおり、所得金額の計算を行います。

【暗号資産を日本円で売却した場合の所得金額】

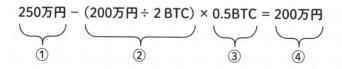

250万円 －（200万円 ÷ 2BTC）× 0.5BTC ＝ 200万円
　①　　　　　　②　　　　　　③　　　　④

所得金額は、取引に係る収入金額から原価を引くことによって、算出します。

①収入金額：250万円

暗号資産の売却取引に係る収入金額は、原則として、譲渡価額（売却価額）です（所法36）。

②譲渡した暗号資産の1単位当たりの取得価額（譲渡原価の計算1）：100万円

本事案の暗号資産の取得価額は、2017年12月1日に購入した時の

1BTC当たりの取得価額です。譲渡した暗号資産の1単位当たりの取得価額は，原則として，総平均法又は移動平均法のうちいずれか選択した方法により計算した金額となります（所法48の2，所令119の2～5）。この選択は，暗号資産の種類ごとに，所轄税務署長への届出により行います。選択しなかった場合には，個人の納税者は総平均法（法人の納税者は移動平均法）になります（34頁，43頁参照）。ただし，上記のケースでは，購入は一度だけですので，どちらの方法で評価しても変わりません。

譲渡原価の計算ルールは，お金には色がないように，譲渡した暗号資産にも色がないことを前提にして作られています。つまり，**暗号資産の譲渡原価は個別に計算するのではありません**。継続してBTCを購入している方が，今日売却したBTCは3日前に購入したBTCであるといったような計算をするのではないということです。「このBTCは自分が初めて購入した暗号資産だから売らないんだ！他のBTCを売っているんだ」というようなことは，たとえ技術的に可能であったとしても，税金の計算上は認められていないと理解しておきましょう。

大雑把にいうと，**取得価額の平均値**を出して譲渡原価を算定しているようなイメージです（詳細は**事例7**，**事例8**を参照）。

なお，この場合の計算の基礎となる取得価額は，原則として，次の金額です。

- 購入した暗号資産については，その購入の代価（購入手数料その他その暗号資産の購入のために要した費用がある場合には，その費用の額を加算した金額）
- これ以外の暗号資産については，その取得の時におけるその暗号資産の取得のために通常要する価額

③譲渡した暗号資産の数量（譲渡原価の計算２）：0.5

2022年４月１日に売却したBTCは0.5BTCなので，上記②と合わせると，「200万円÷2BTC×0.5BTC」という式により，譲渡したBTCの譲渡原価（50万円）が算出されます。

④所得金額：200万円

①の収入金額250万円から②×③の譲渡原価50万円を控除することで，所得金額200万円が算出されます。

要するに50万円で取得した暗号資産を売って，250万円を獲得したことになりますから，50万円を差し引いた200万が利益（儲けた額）ということになります。実際には，ここからさらに暗号資産の売買に係る必要経費を控除して所得金額を算出します。

この事例のポイントとしては，2017年から2022年までの間，BTCは日々大幅な値動きがあったにもかかわらず，売却するまで課税されていないということです。2017年12月１日に２BTCを取得してから2022年４月１日に売却するまでに，この２BTCは他者に譲渡されたり，何らかの支払いに用いられたりしていないことから，課税イベントが発生しておらず，2017～2021年においては所得計算が不要ということになります（法人税の計算については，第１部42頁「暗号資産を譲渡する場合の計算に関する規定」参照）。

【参考】FAQ４頁，32頁

> Column　暗号資産やNFTの所得と必要経費
>
> 　暗号資産やNFTの所得から控除できるパソコンなどの購入費用などについて解説します。所得税法上，必要経費に算入できる金額は，①暗号資産の譲渡原価その他暗号資産の売却等に際し直接要した費用の額，②その年における販売費，一般管理費その他

その所得を生ずべき業務について生じた費用の額です（所法37）。③一定の損失が必要経費として認められる可能性もあります（所法51④）。

　FAQでは❶その暗号資産の譲渡原価，❷売却の際に支払った手数料，❸インターネットやスマホ等の回線利用料やパソコン等の購入費用のうち，暗号資産の売却のために必要な支出と認められる部分の金額が例として挙げられています。

　❸の場合は，あくまでも必要と認められる部分の金額に限られるため，暗号資産やNFTの取引専用PCやネット回線に係るものなどはその全額を必要経費として計上することができますが，これらを個人的用途にも使用している場合には，使用時間や使用日数等で合理的に按分して必要経費となる部分を計上するなどの対応が求められます。

　FAQにおいても，個人の業務における1つの支出が家事上と業務上の両方に関わりがある費用（家事関連費）については，取引の記録に基づいて，業務の遂行上直接必要であったことが明らかに区分できる場合に限り，その区分した金額を必要経費に算入することができることを注意喚起しています。また，パソコンなど，使用可能期間が1年以上で，かつ，一定金額を超える資産については，その年に一括して必要経費に計上するのではなく，使用可能期間の全期間にわたり分割して必要経費（減価償却費）とする必要があることも記載されています。

　他に認められる経費の例として，暗号資産やNFT取引のための筆記用具・ファイル類，書籍代，セミナー参加費（セミナー内容と実際に行った取引によります），税金申告のために利用しているソフト等の利用料金や税理士への報酬，取引所等での送金手数料，ウォレットや取引所間での送金，DeFi（分散型金融）でのトレードやステーキング等で発生するtransaction feeなど

が考えられます。
【参考】FAQ13頁

> Column　譲渡原価の計算の基本的な考え方
>
> 　個人の方が暗号資産を譲渡した場合の，譲渡原価の計算の基本的なところを理解しましょう。暗号資産の所得金額について，簡便的に次の式を用いて説明することがあります。
>
> **収入金額（譲渡価額）－譲渡原価（※）－手数料等の経費**
>
> （※）　譲渡した暗号資産の1単位当たりの取得価額　×　譲渡した暗号資産の数量
>
> 　ただし，実際の取引では，事例2で用いたような取引が1回しかないような例はめずらしく，同じ種類の暗号資産を異なる時期に複数回，取引する場合が多いことと，次に説明するとおり，上記の譲渡原価について，正確には（法人税の場合と異なり）取引ごとに計算するのではなく，年末に保有する暗号資産の評価額（取得価額）に着目した計算を行うことを理解しておきましょう。
>
> 　FAQでは，譲渡原価は，暗号資産の種類（名称：ビットコインなど）ごとに，「①：前年から繰り越した年初（1月1日）時点で保有する暗号資産の評価額」と「②：その年中に取得した暗号資産の取得価額の総額」との合計額から，「③：年末（12月31日）時点で保有する暗号資産の評価額」を差し引いて計算するとしています。この「年末時点で保有する暗号資産の評価額」は，その保有する暗号資産の「年末時点での1単位当たりの取得価額」に「年末時点で保有する数量」を乗じて求めますが，「年末時点での

1単位当たりの取得価額」は，総平均法又は移動平均法のいずれかの評価方法により算出することとされています。

　要は，「**実際に売った分の暗号資産に対応する取得価額（評価額）だけ，譲渡原価（経費）として計上しなさい**」ということです。理解を深めるために，暗号資産を「販売」している方が暗号資産を「在庫」として管理し，その購入を「仕入」として考えると，譲渡原価は次の算式で計算できます。

①前年末の在庫評価額＋②当年中の仕入額－③当年末の在庫評価額

　上記の算式のうち，**①前年末の在庫評価額**は前年における③の金額が入り，**②当年中の仕入額**は単純に当年中の仕入総額が入るので問題ないでしょう。問題は，**③当年末の在庫評価額**です。③について仕入時期や仕入金額の異なる暗号資産を整然と管理し，先に仕入れたものを先に販売することが徹底されていれば，当年末に残っている暗号資産は仕入時期が後のものであるといえるでしょう。逆に，当年中に販売した暗号資産は仕入時期が先のものであるといえます。しかしながら，場合によっては，後から仕入れた暗号資産を先に販売するようなことが起きていたとしたら，このようなスッキリとした説明は当てはまりません。

　いずれにしても，当年中に販売した暗号資産の譲渡原価を計算する場合には，その暗号資産の③当年末の在庫評価額がポイントとなります。では，在庫評価額はどのように算出すればよいのでしょうか。在庫評価額は「在庫1つ当たりの取得価額×在庫数量」で算出できますが，「在庫1つ当たりの取得価額」の算定方法はいろいろ存在します。

　当年に売れた在庫は，どの時期にいくらで仕入れた分だというように個別に算出する評価方法を採用する場合もありますが，こ

のような評価方法を採用できない・しない場合もあるのです。そして，**どのような評価方法を採用するかによって，短期的にみて，譲渡原価，ひいては利益の額が変わり得る**のです。

つまり，**在庫の数量**は（実地棚卸による実額の数量か，帳簿から算出できる理論上の数量かなど異なるアプローチがあるものの）基本的に動かせませんから，より重要なのは，**在庫の評価方法，評価の仕方**ということになりますね。どのような評価方法を選定するかによって，販売した暗号資産に対応する取得価額，譲渡原価も変わってくる可能性があり，利益の額も変わり得るのですから，重要なのです。

ここまで理解できると，所得税法48条の2第1項が「暗号資産の譲渡原価等の計算及びその評価の方法」という見出しの下で，次のとおり定めていることの意味がおわかりいただけるでしょう。

> 居住者の暗号資産…につき第37条第1項（必要経費）の規定によりその者の事業所得の金額又は雑所得の金額の計算上必要経費に算入する金額を算定する場合におけるその算定の基礎となるその年12月31日において有する暗号資産の価額は，その者が暗号資産について選定した評価の方法により評価した金額…とする。

この条文は，暗号資産の譲渡原価を計算する際に，**その年末の暗号資産の価額を基礎とすることと，その価額は納税者が選定した評価方法で評価した金額とすること**を定めているのです。そうであれば，この条文は，「①前年末の在庫評価額＋②当年中の仕入額－③当年末の在庫評価額」という93頁の算式を前提としていることを示しているといえるでしょう。

暗号資産の譲渡原価を計算する際に，この後にでてくる総平均法や移動平均法を用いることを知っている人は多いと思います

が，所得税法が，上記の算式を前提として年末に保有している暗号資産の価額を算出するために，これらの評価方法を定めていることまで理解している人は少ないように思います。

Column　暗号資産の譲渡と所得の計上時期

　納税額を計算するうえで，所得をいつのタイミングで計上するかは重要な問題です。所得税においては，収入を計上するタイミングで対応する原価も計上することになります（所法36，37）。暗号資産取引を行ったことにより生じた利益について，いつの年分の収入とすべきかという問いに対して，FAQ11頁は，次のとおり回答しています。

> 原則として売却等をした暗号資産の引渡しがあった日の属する年分となります。ただし，選択により，その暗号資産の売却等に関する契約をした日の属する年分とすることもできます。
> 　暗号資産取引により生じた損益については，原則として雑所得に区分されますが…，雑所得に区分される所得の総収入金額の収入すべき時期は，その収入の態様に応じて，他の所得の総収入金額の収入すべき時期の取扱いに準じて判定した日の属する年分とされています。
> 　したがって，暗号資産取引により生じた所得の総収入金額の収入すべき時期は，その収入の態様を踏まえ，資産の譲渡による所得の収入すべき時期に準じて判定します。

　上記は，所得税の取扱いです。法人税では，暗号資産の譲渡の場合は，その譲渡に係る契約をした日の事業年度に譲渡益又は譲

渡損を計上します（法法61①）。つまり，いわゆる約定日基準により益金の額又は損金の額に算入することになります。暗号資産の売却のほか，暗号資産での商品の購入や暗号資産同士の交換を行う取引も同様の取扱いとなります。

【参考】FAQ31頁

事例3 暗号資産同士を交換（利益が出るケース）

Q 次の取引を行った場合に，所得金額の計算はどうなりますか。

1．2021年1月1日に200万円で10万ADA（時価：1ADA＝20円）を購入した。
2．2022年4月1日に5万ADAを6ETH（時価：1ETH＝40万円）で売却した。
※手数料については省略。

A

次のとおり，所得金額の計算を行います。

【暗号資産同士を交換して利益が出た場合の所得金額】

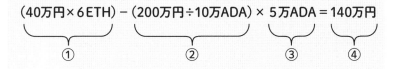

(40万円×6ETH) − (200万円÷10万ADA) × 5万ADA = 140万円
　　①　　　　　　　②　　　　　　　　③　　④

①収入金額：240万円
②譲渡した暗号資産の1単位当たりの取得価額（譲渡原価の計算1）：20円
③譲渡した暗号資産の数量（譲渡原価の計算2）：5万
④所得金額：140万円

今回，ADAを渡した見返りとして受け取ったのは日本円ではなく，暗号資産です。このように暗号資産同士を交換した場合も所得税の課税イベントです。暗号資産以外の物々交換でも同じです。

現在，日本では，納税は日本円で行うことが大原則です。また，税額の計算の単位も日本円です。BTCで納税したり，BTCという単位で税額を計算したりすることはできません。よって，受領した暗号資産を日本円になおして所得金額を計算する必要があります。

所得金額の算式は，「**事例2　暗号資産を日本円で売却**」とほぼ同じですが，所得税のルールでは，金銭以外の物や権利その他経済的な利益で収入した場合の収入金額は，その物や権利その他経済的な利益のその取得等する時における時価となります（所法36②）。よって，今回のケースではETHという暗号資産で収入していますから，その取得した時点の時価評価額を調べて，収入金額を算定してあげる必要があります。

要は日本円以外のもの（ここでは暗号資産）を受け取った場合は，**その受け取った時点における，そのものの時価を収入金額に算入し**，場合によっては日本円換算額を算出するという作業が必要となるというイメージです。この考え方は暗号資産以外の，例えばNFTなどで収入する場合も同じです。

なお，法人の場合は，何か資産を譲渡して金銭以外の物や権利その他経済的な利益で収入した場合の収入金額は，その譲渡した資産の譲渡時における時価になります（法法22②，22の2④）。

【参考】FAQ 6 頁

事例 4　暗号資産同士を交換（損失が出るケース）

Q　次の取引を行った場合に，所得金額の計算はどうなりますか。

1．2021年5月1日に300万円で30BCH（時価：1 BCH=10万円）を購入した。
2．2022年4月1日に15BCHを6,500XRP（時価：1 XRP＝100円）で売却した。
※手数料については省略。

A

次のとおり，所得金額の計算を行います。

【暗号資産同士を交換して損失が出た場合の所得金額】

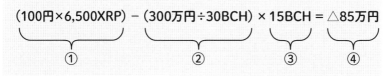

(100円×6,500XRP) − (300万円÷30BCH) × 15BCH ＝ △85万円
　　　①　　　　　　　　②　　　　　　　③　　　　④

① 収入金額：65万円
② 譲渡した暗号資産の1単位当たりの取得価額（譲渡原価の計算1）：10万円
③ 譲渡した暗号資産の数量（譲渡原価の計算2）：15

④所得金額：△85万円

　事例2，**事例3**と基本的な部分は同じです。このケースの場合，BCHを売却して得られたXRPの日本円換算額（評価額）がBCHを取得した際に払った日本円を下回るため，損失（赤字）となっています。

　暗号資産の売却・交換による所得が事業所得に該当する場合には，この損失を他の種類の所得と相殺（損益通算）することができますが，雑所得に該当する場合にはこれができません（所法69）。

【参考】FAQ 6 頁

> Column　ICOで暗号資産を取得した場合の考え方
>
> 　ICOで暗号資産を取得する際の流れとしてよくあるのが，
> 1．法定通貨や暗号資産を運営に支払う
> 2．一定期間経過後，運営から新しい暗号資産が発行される
> といったものです。
> 　ただし，発行された暗号資産は発行直後に一度に売却されて相場が暴落するのを避けるため，発行時点ではその大半がロック（売却できない状態に）され，一定期間（半年や2年など）をかけて徐々にアンロック（売却できる状態に）されていくケースが多いです。
> 　ここでは2つの問題に直面します。
> 　1つ目は暗号資産の支払いは今年行ったが，新しい暗号資産の発行は翌年以降（支払いから発行までに1年以上かかるものもあります）だった場合，どちらで損益計算すべきなのかということ。この場合は，ICOのWP（ホワイトペーパー。暗号資産の詳細や調達資金の用途などが記載されていることが多い）などで契約内

容を確認するのが本来的な考え方です。ただし，WPは日本の税制を考慮しているものばかりではなく，判断する材料が記載されていないものも多くあります。この場合，考えられる方法としては，支払時には損益計算を行わず（前払金のような形で処理する），受取り時に通常の暗号資産同士の交換を行ったものとして処理するといった方法などが考えられます。

　２つ目は発行時にロックされている場合，そのロックされている暗号資産は受け取ったものとして扱うべきか否かというものです。ロックされている場合，それが誰に帰属するのかという問題がありますし，ロックされた暗号資産は円を含めた他の資産に替えることができないため，納税資金に転用することは難しいです。

　この場合も発行時点でロックされているものも含めて暗号資産を取得した扱いとするのか，それともアンロックされた順から暗号資産を取得した扱いとするかという話になりますが，国税庁はこの点に関する公式見解を示していないため，税理士に要相談です。

事例5　暗号資産による支払い（商品，サービスの購入，給与の支払い）

Q　次の取引を行った場合に，所得金額の計算はどうなりますか。

1．2021年6月1日に80万円で20BNB（時価：1BNB＝4万円）を購入した。

2．2022年3月15日に10BNB（時価：1BNB＝4.5万円）で税理士に暗号資産の損益計算及び確定申告料金45万円を支

払った。

※手数料については省略。

A

次のとおり，所得金額の計算を行います。

【暗号資産で商品やサービスを購入した場合の所得金額】

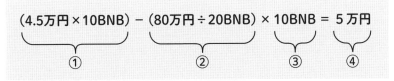

①収入金額：45万円

②譲渡した暗号資産の1単位当たりの取得価額（譲渡原価の計算1）：
4万円

③譲渡した暗号資産の数量（譲渡原価の計算2）：10

④所得金額（事例2参照）：5万円

暗号資産を譲渡していると考えれば，「**事例2　暗号資産を日本円で売却**」の場合とおおむね同様の計算になることがわかると思います。第三者との取引であれば，通常，支払った（譲渡した）暗号資産の時価相当額は購入した商品やサービスの時価相当額と等価値であると考えられます。よって，①収入金額は，購入した物やサービスの価額をそのまま用いても構いません。法人税の場合も基本的にはそのような処理で差し支えありません。

なお，購入した商品やサービスが，暗号資産の所得を得るために必要

な経費として認められる場合，暗号資産に係る所得金額の計算上，収入金額から控除することができます（所法37）。この事例の税理士の損益計算料金，確定申告代金45万円も必要経費として控除可能です。

このほか，個人事業主や法人の場合に，**暗号資産で従業員に対し給与を支給**した場合も，この計算方法で所得金額を算出することとなります。その際，前記算式の①については暗号資産の給与支給時の時価（＝給与支給額）を用いてください。この場合，暗号資産による支給分も給与の支払金額（従業員側から見れば，給与の収入金額）に該当するため，現金での支給額に，暗号資産による支給額を加算した金額で，源泉徴収税額の計算を行う必要があります。

また，法人税法上，役員に対して支給する給与は，所定の**定期同額給与**（その支給時期が1月以下の一定の期間ごとである給与でその事業年度の各支給時期における支給額が同額であるものその他これに準ずる一定の給与。通常の月給をイメージしてください），**事前確定届出給与**（あらかじめ支払時期や支払金額が確定している賞与をイメージしてください）又は**業績連動給与**（会社の業績に連動して支給額が決定するような賞与をイメージしてください）に該当しない場合には，損金の額に算入することが認められません（法法34，法令69）。

日々レートが変動する暗号資産で役員給与を支給すると，法令に定められている一定の金額を支給するという基準を満たせず，定期同額給与に該当せず，損金の額に算入できないことになるのではないかという問題が生じます。

また，事前確定届出給与や業績連動給与は金銭や株式等による支給を前提としており，そもそも**暗号資産がこの場合の金銭に該当しないのではないか**という問題があります。従業員に対する給与については，このような損金算入の制限規定はありませんが，そもそも，法人税法上の役員や給与の範囲は広い概念ですし，役員や従業員に対する法人税法の規

暗号資産関係：所得税・法人税

制はやや複雑ですから，暗号資産で給与を支給する場合には税理士に要相談です。

【参考】FAQ 5 頁，39頁

> Column　**自分が所有するウォレット間で暗号資産・NFT を移動させた場合**
>
> 　自分の所有するウォレット同士で自分の暗号資産や NFT を**移動させた際は所得の計算を行う（課税イベントとして扱う）必要はありません**。そのほか，ステーキングプール，ファーミング用のコントラクトアドレス，レンディング用のコントラクトアドレスなど（レンディング系は直接コントラクトアドレスに預けられるケースだけではなく，コントラクトを通して直接他の人のウォレットアドレスに移動するケースもあります）に暗号資産を移動させた場合や，NFT マーケットプレイスや BCG 内のコントラクトアドレスに暗号資産・NFT を移動させた場合も同様です。
>
> 　ただし，後述しますが流動性供給を行った場合や bridge を行った場合については**課税イベントとして扱う必要がある**可能性があるのでご注意ください。

事例6　確定申告（2022年に事例2～事例5の取引をしていたケース）

Q 事例2～事例5の取引を同一人物が行っていた場合，2022年分の確定申告の計算はどうなるのでしょうか。

A

事例2～事例5の所得・損失を合算すると260万円となります（200万円＋140万円－85万円＋5万円＝260万円）。

この金額から，**収入を稼ぐための費用**，具体的には，暗号資産取引のためのインターネットの回線利用料，パソコン等の購入費用や税理士費用などを控除します。ただし，自宅の私用パソコンで暗号資産取引を行っている場合のように，個人的な支出（消費）としての性質と収入を稼ぐための費用としての性質が混在しているようなものについては，別途**合理的に区分**するなどの対応が必要になります。

この辺りは，個別の事例によりますし，場合によっては税務署との折衝になりますので，**税理士に相談**するほうがよいでしょう。その後，扶養控除，医療費控除，ふるさと納税に係る寄附金控除，住宅ローン控除といった所得控除又は税額控除を適用した後，累進税率を掛けると，所得税額が算出されます。大雑把にはなりますが，以上が暗号資産取引から始まって，最終的な税額を算出するまでの，基本的な所得計算の流れとなります。

暗号資産関係：所得税・法人税

> **Column** 年20万円以下の利益は非課税？

　暗号資産による雑所得の金額が年間で20万円以下であれば，誰でも常に確定申告が不要であると誤解を与えるような記述や説明が足りないような記述をネット上で見かけることがありますが，これは誤りですので注意してください。

　この点は，下記の国税庁タックスアンサーNo.1900「給与所得者で確定申告が必要な人」の説明がわかりやすいです。「給与を1か所だけから受けており，給与の収入金額が2,000万円以下の給与所得者は，給与以外の所得が20万円以下の場合には，確定申告しなくてもいいとのことですが，還付申告を行う場合にも，給与以外の所得を確定申告しなくてもよろしいのですか。」という質問に対して，次のとおり回答しています。

>　給与等の収入金額が2,000万円以下である給与所得者が，1か所から給与等の支払を受けており，その給与について源泉徴収や年末調整が行われる場合において，給与所得及び退職所得以外の所得金額の合計額が20万円以下であるときは，原則として確定申告を要しないこととされています。
>　しかし，この規定は確定申告を要しない場合について規定しているものであり，確定申告を行う場合にも，この20万円以下の所得を申告しなくてもよいという規定ではありません。
>　したがって，給与所得及び退職所得以外の所得金額の合計額が20万円以下であることにより，給与所得者が確定申告を要しない場合であっても，例えば，医療費控除の適用を受けるための還付申告を行う場合には，給与所得だけでなく，その20万円以下の所得も併せて申告をする必要があります。（所法121，122）

　その年に給与所得を有する者が確定申告不要になる話であることと，例えば医療控除や寄附金控除の適用等のために確定申告を

する者は20万円以下の所得も併せて申告する必要があることに注意が必要だということです。また，この申告不要の制度は国税の取扱いにすぎず，住民税にはないため，原則として住民税の申告は必要となります。

【参考】タックスアンサー No.1900「給与所得者で確定申告が必要な人」

事例7　総平均法の計算事例

Q 以下の取引について総平均法を用いた場合に，2021年のBTCの取得価額の計算はどうなりますか。なお，2021年12月末時点でのBTCの保有数は5BTCです。

1．2017年8月1日に300万円で10BTC（時価：1BTC＝30万円）を購入した。
2．2021年2月1日に12万XRP（時価：1XRP＝25円，12万XRP＝300万円）で1BTC（時価：1BTC＝300万円）を購入した。
3．2021年4月1日に1,300万円で2BTC（時価：1BTC＝650万円）を売却した。
4．2021年5月1日に1BTC（時価：1BTC＝600万円）をエアドロップにより入手した。
5．2021年11月1日に5,600万円で8BTC（時価：1BTC＝700万円）を売却した。
※手数料については省略。

A

BTCを購入した取引だけを抜き出して整理すると，次のとおりです。

取引日等	BTC入手数量	1BTC当たりの取得価額	取得価額（支払総額）
2017/8/1	10BTC	30万円	300万円
2021/2/1	1BTC	300万円	300万円
2021/5/1	1BTC	600万円	600万円
合計	12BTC	−	1,200万円

そのうえで，1BTC当たりの取得価額を計算します。

【2021年の1BTC当たりの取得価額】

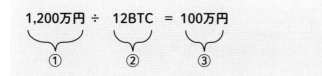

① 1年間に取得したBTCの取得価額の総額：1,200万円

② 1年間に取得したBTCの数量：12

③ 年末時点での1BTC当たりの取得価額：100万円

（注） 前年から繰り越した暗号資産がある場合には，①と②にそれぞれにその価額，数量を加算します。

上記の2021年の1BTC当たりの取得価額の計算に当たっては，2017〜2020年の年末時点で保有しているBTCの取得価額の計算を省略していますが，なぜでしょうか。

それは，2017〜2020年にBTCの売却や交換などの課税イベントが発生しておらず，損益の計算の必要がないためです。例えば2017年におけ

る年初（1月1日）時点で保有する暗号資産の評価額はゼロ円です。2018～2020年までの取引にはBTCの売却も購入も行っていないことから，年末時点で保有しているBTCの計算を省略できます。次に売上部分を見てみましょう。

取引日等	BTC売却数量	1BTC当たりの譲渡価額	譲渡価額（売却総額）
2021/4/1	2BTC	650万円	1,300万円
2021/11/1	8BTC	700万円	5,600万円
合計	10BTC	－	6,900万円

2021年は合計で10BTCを6,900万円で売却しています。この時，1BTC当たりの譲渡原価は100万円であり，売却した10BTCの譲渡原価は1,000万円です。差し引き5,900万円が2021年のBTCの売買による利益となります。

【総平均法による2021年の利益計算のまとめ】

取引日等	BTC売却数量	譲渡価額（売却総額）	譲渡原価	利益
2021/4/1	2BTC	1,300万円	200万円	1,100万円
2021/11/1	8BTC	5,600万円	800万円	4,800万円
合計	10BTC	6,900万円	1,000万円	5,900万円

※2021年2月1日の取引は暗号資産同士の交換

この場合の取得価額は，取得した暗号資産の時価（日本円換算額）です。等価交換であることが通常でしょうから，譲渡した暗号資産の時価を用いてもよいことになります。この事例では，XRPを譲渡していることになるため，損益が発生する可能性があります。

- 2021年5月1日のエアドロップ

122頁「**事例10　エアドロップ・giveawayで暗号資産を受領**」参照。

> **Column　総平均法とは**
>
> 　個人が暗号資産の譲渡による所得を計算する際の原則的な評価方法である総平均法とは，同じ種類の暗号資産について，年初時点で保有する暗号資産の評価額とその年中に取得した暗号資産の取得価額との総額との合計額をこれらの暗号資産の総量で除して計算した価額を「年末時点での1単位当たりの取得価額」とする方法です。計算式は次のとおりです（所令119の2①一，FAQ14～15頁）。
>
> **総平均法の計算式**
>
> ①1年間に取得した同一種類（名称）の暗号資産の取得価額の総額
> 　　②1年間に取得した同一種類（名称）の暗号資産の数量
> ＝　③年末時点での1単位当たりの取得価額
>
> （注）前年から繰り越した暗号資産がある場合には，①と②にそれぞれにその価額，数量を加算します。
>
> 　要するに，取得価額をその年中において入手した暗号資産の平均単価で計算する方法です。この計算を1回するだけで，すべての同一の種類の暗号資産の売買時の取得価額が出てくるので，取引のたびに取得価額を計算する必要がありません。
> 　この総平均法は，「本来は」とても簡単な計算方法です。しかしながら，暗号資産の場合は，次のような特有の事情により，実際には，非常に複雑な計算や判断が求められることがあります。

- 取り扱う暗号資産の種類が多い。
- 数量が上は天井知らずの桁数，下は底なし沼のような小数点以下の桁数。
- 時価を把握できたり，できなかったりする。
- 取引内容が（損益を計上すべき）売買や交換なのか，そうでないのかがわからないことが多い。

事例 8　移動平均法の計算事例

Q 以下の取引を行った場合に，2021年の BTC の取得価額の計算はどうなりますか。なお，2021年12月末時点での BTC の保有数は 2 BTC です。

1．2017年 8 月 1 日に300万円で10BTC（時価：1 BTC ＝30万円）を購入した。

2．2021年 2 月 1 日に12万 XRP（時価：1 XRP ＝25円，12万 XRP ＝300万円）で 1 BTC（1 BTC ＝300万円）を購入した。

3．2021年 4 月 1 日に1,300万円で 2 BTC（時価：1 BTC ＝650万円）を売却した。

4．2021年 5 月 1 日に 1 BTC（時価：1 BTC ＝600万円）をエアドロップにより入手した。

5．2021年11月 1 日に5,600万円で 8 BTC（時価：1 BTC ＝700万円）を売却した。

※手数料については省略。

A

　移動平均法の場合，暗号資産を取得する都度，平均取得単価を計算します。あえて，2017年8月1日の購入時（初回購入時）の取得価額について考えてみますと，この時点では他の取引はないため，その購入時の1BTCの取得価額がそのまま平均取得単価となります。つまり30万円です。

　よって，2017年12月末時点の1BTCの平均取得単価も30万円です。このことを前提として，2021年2月1日に新たにBTCを購入した時点の1BTC当たりの取得価額の計算を考えてみましょう。

取引日等	BTC入手数量	1BTC当たりの取得価額	取得価額（支払総額）	1BTC当たりの平均取得単価
2017/12/31	10BTC	30万円	300万円	30万円
2021/ 2/ 1	1BTC	300万円	300万円	?
合計	11BTC	ー	600万円	ー

　2021年2月1日取引時の移動平均法を用いた場合の1BTC当たりの平均取得単価（上記表の「?」の部分）は，次のとおり，計算します。

【2021年2月1日取引時の1BTC当たりの平均取得単価】

$$\underbrace{600万円}_{①} \div \underbrace{11BTC}_{②} = \underbrace{545,455円}_{③}（端数切上）$$

① 2021年2月1日時点で保有しているBTCの取得価額の総額：600万円
② 2021年2月1日時点で保有しているBTCの数量：11

③2021年2月1日時点での1BTC当たりの平均取得単価：545,455円

これによって，2021年2月1日に新たにBTCを購入した時点の1BTC当たりの平均取得単価（前記表の「？」の部分）は545,455円であることがわかります。

2021年4月1日の暗号資産の売却時の計算を見ていきます。

取引日等	BTC売却数量	1BTC当たりの譲渡価額	譲渡価額	1BTC当たりの平均取得単価
2021/4/1	2 BTC	650万円	1,300万円	545,455円
合計	2 BTC	－	1,300万円	－

総平均法と異なり，次のとおり，この時点で利益及び譲渡原価を計算します。

【2021年4月1日取引時の利益】

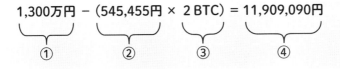

【2021年4月1日取引時の取得価額】

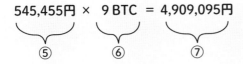

①収入金額（譲渡価額）：1,300万円
②譲渡した暗号資産の1単位当たりの取得価額（譲渡原価の計算1）：
   545,455円

③譲渡した暗号資産の数量(譲渡原価の計算2):2
④所得金額:11,909,090円
⑤1BTC当たりの取得価額(1BTC当たりの平均取得単価):545,455円
⑥売却後のBTC保有数量:9
⑦売却後の保有BTCの取得価額:4,909,095円

ちなみに年の途中でふるさと納税のために当年の所得を概算で計算したい場合は、このように計算した利益(所得金額)を元に、**ふるさと納税の控除限度額を計算できます。**次に2021年5月1日に1BTCを入手した場合の計算です。

取引日等	BTC入手(保有)数量	1BTC当たりの取得価額	取得価額／支払総額	1BTC当たりの平均取得単価
2021/4/1	9BTC	―	4,909,095円	545,455円
2021/5/1	1BTC	600万円	6,000,000円	?
合計	10BTC	―	10,909,095円	―

先ほどと同様に、上記表の「?」部分に入る1BTC当たりの平均取得単価を計算すると下記のようになります。

【2021年5月1日取引時の1BTC当たりの取得原価】

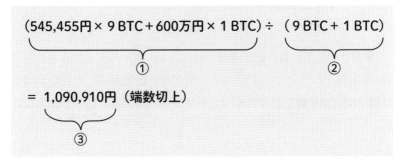

①2021年5月1日時点で保有しているBTCの取得価額の総額：10,909,095円
②2021年5月1日時点で保有しているBTCの数量：10
③2021年5月1日時点での1BTC当たりの平均取得単価：1,090,910円

最後に，5,600万円で8BTC（1BTC＝700万円）を売却した2021年11月1日の取引を計算すると，利益の額は47,272,720円（＝5,600万円－(1,090,910円×8BTC)）になります。

取引日等	BTC売却数量	1BTC当たりの譲渡価額	譲渡価額	1BTC当たりの平均取得単価
2021/11/1	8BTC	700万円	5,600万円	1,090,910円
合計	8BTC	－	5,600万円	－

よって，2021年の利益は，4月1日の取引の11,909,090円に11月1日の取引の47,272,720円を足した59,181,810円です。

【移動平均法による2021年利益計算まとめ】

取引日等	BTC売却数量	収入金額	譲渡原価	利益
2021/ 4/1	2BTC	1,300万円	1,090,910円	11,909,090円
2021/11/1	8BTC	5,600万円	8,727,280円	47,272,720円
合計	10BTC	6,900万円	9,818,190円	59,181,810円

「事例7　総平均法の計算事例」のとおり，総平均法で計算した所得額が5,900万円でした。したがって，移動平均法で計算した場合の利益は総平均法で計算した場合の利益よりも181,810円高く計算されたことになります。

また，併せて取得価額（この後に BTC を取得していないので，期末評価額ともいえます）についても，移動平均法の場合，2,181,820円（1,090,910円×2 BTC）と計算できます。総平均法の場合の期末評価額は200万円（1,000,000円×2 BTC）だったので，こちらも移動平均法のほうが，181,820円ほど期末評価額が高く計算されていますね。不思議なことに，あれだけややこしい計算をしてきたのですが，総平均法と移動平均法の利益の差額と取得価額の差額がほぼ変わらない結果となりました。

> Column　移動平均法とふるさと納税による節税
>
> 　個人が暗号資産の譲渡による所得を計算する際に「所得税の暗号資産の評価方法の届出書」を提出することにより選択可能な移動平均法とは，同じ種類の暗号資産について，暗号資産を取得する都度，その取得時点において保有している暗号資産の簿価の総額をその時点で保有している暗号資産の数量で除して計算した価額を「取得時点の平均単価」とし，その年12月31日から最も近い日において算出された「取得時点の平均単価」を「年末時点での１単位当たりの取得価額」とする方法です。計算式は次のとおりです（所令119の２①二，FAQ14～15頁）。
>
> ①取得時点で保有する同一種類（名称）の暗号資産の簿価の総額
> 　②取得時点で保有する同一種類（名称）の暗号資産の数量
> ＝　③取得時点の平均単価
>
> 注１　前年から繰り越した暗号資産がある場合には，①と②にそれぞれにその価額，数量を加算します。
> 注２　その年12月31日から最も近い日に算出された「取得時点の平均単価」が「年末時点での１単位当たりの取得価額」になり

暗号資産関係：所得税・法人税

115

ます。

　移動平均法とは要するに，暗号資産を入手する都度，暗号資産の残高と入手時点での平均単価を算出することで，取得価額を計算する方法です。保有する暗号資産について他の暗号資産やNFT，日本円等と交換するたびに，この計算を行います。
　取引の都度，計算を求められますから，移動平均法は，総平均法と比べて，手間のかかる評価方法です。暗号資産の場合，計算ソフトがあるので楽ですが，そもそも1年に複数回暗号資産の損益計算をすること自体，ハードルが高いです。
　その代わり，総平均法を採用した場合には年末にならないとわからない暗号資産の損益が，期中でもわかるようになります。暗号資産で利益が出た場合に，ふるさと納税を利用して税負担を抑えることを希望される納税者の方が多くいらっしゃいますが，移動平均法を使えば，その都度，ふるさと納税の控除限度額のシミュレーションができるようになるので，移動平均法はそれなりに需要があります。
　なお，ふるさと納税のお礼の特産品は課税対象になるため注意してください。つまり，自治体によっては寄附者へのお礼として特産品を送る場合がありますが，これは一時所得（所法34）に該当します。これは，ふるさと納税（寄附）が収入（特産品）を得るための支出として扱われず，寄附金控除の対象とされていることに伴うものであり，このような一時所得は，年間50万円を超える場合に，超えた額について課税対象となります。
　さらに注意すべきことに，懸賞や福引きの賞金品，生命保険の一時金や損害保険の満期払戻金なども，一時所得に該当するため，ふるさと納税のお礼品に係る収入だけではなく，これらすべての一時所得に係る収入を合計し，そこから，年間50万円を控除する

ことになります（総務省 HP・ふるさと納税ポータルサイト「よくある質問」参照）。

> **Column** 総平均法と移動平均法のまとめ
> （どちらがオトク？）
>
> 　細かい計算と説明は省きますが，長い目で見れば，**総平均法と移動平均法はどちらの方式を使っても最終的な利益の額は同じに**なります。そうであれば，総平均法，移動平均法の選択には意味がないのでしょうか。
>
> 　それは違います。日本では累進税率を採用している関係上，利益の額が大きくなれば大きくなるほどその税金の負担割合は上がっていきます。また，暗号資産取引は必ずしも毎年利益が出るとは限りません。
>
> 　雑所得である暗号資産取引の赤字は，同じ雑所得内で通算することができますが，雑所得以外の他の所得の利益と通算することはできません。また，雑所得の赤字は翌年以降に繰り越すことはできないため，暗号資産の含み損は，なるべくその年の雑所得の利益の範囲内で計上したほうが，長い目で見て税負担を抑えることができます。
>
> 　よって，暗号資産取引が**赤字になりそうな年**には，利益が大きく算出されやすい（赤字額を減らす）計算方法を選べば，節税につながります。ただし，所得税法等は，一度選択した評価方法（総平均法又は移動平均法）は，原則として，3年間は他の方法に変更できないという制限を設けているので注意が必要です（所令101，119の4，所基通47-16の2，48の2-3）。

ちなみに,「**事例7　総平均法の計算事例**」と「**事例8　移動平均法の計算事例**」では2021年において総平均法の利益が少なく計算されましたが,これは,2021年のBTCの価格相場が高騰していたことが主な要因です。総平均法は,1年を通して取得した暗号資産の取得対価と取得数量を用いて計算する関係上,**上昇トレンド時に暗号資産を購入する機会が多ければ多い**ほど,その年の1月1日から12月31日までに行った売却による**利益が低くなり**やすいのです。

以上から,総平均法と移動平均法のメリット・デメリットは下記のとおりになります。

	総平均法	移動平均法
長所	・計算が簡単 ・年の後半に上昇相場になった場合,その年の利益が少なく算出される傾向がある	・年の中途でも利益計算が可能 ・取引の都度,計算を行うため,実態に即した利益額が計算可能
短所	・年末まで利益計算ができない ・取引内容や相場状況によって,実態とは異なる利益額が出る恐れがある	・計算が複雑 ・年の後半に上昇相場になった場合,総平均法に比べその年の利益が多く算出される傾向がある

上記のとおり,総平均法と移動平均法は,どちらの方法を選んでも,最終的には利益の額は同じになります。また,それぞれにメリット・デメリットがあるため,一概にどちらがよいとも断言できません。

強いていえば,多くの個人の方が暗号資産取引で利益が出る時は,基本的に暗号資産が全体的に上昇傾向にある時であり,かつ過去の暗号資産全体の値動きを見ていると,年の後半に価格が上がるケースが多いです。

よって中間損益計算が可能な人の場合,厳密な金額は出ません

が（これは中間損益計算以降に取引する場合、移動平均法でも同じ。ただし、利益予想は移動平均法のほうがしやすい）、ある程度の利益額を把握することはできるため、総平均法を選んでいるほうが結果的にはよいかもしれません（ただし、利益額、取引内容などにも左右されます）。

なお、総平均法・移動平均法の比較でよく「計算が簡単」、「計算が複雑」といわれますが、暗号資産の損益計算はどちらを選んでも計算が複雑であり、計算ソフトを使わないと計算できないケースがほとんどなので、その点はどちらを選んでもよいと思います。

Column　暗号資産の取得価額の端数処理で節税？

暗号資産の取得価額の計算時の端数処理については、国税庁から特段の指定はありませんが、本書では有価証券の取得価額計算において、総平均法・移動平均法によって1単位当たりの金額を計算した場合に1円未満の端数があるときは、その端数を切り上げるという規定（所令105①，118①，措通37の10・37の11共-14）を準用して、切り上げで処理しています（ただし、例えば、1枚当たりの単価が0.000001円の暗号資産を1兆枚、取引した場合に、端数処理についてどのような方法を採用するかによって利益が大きく相違する可能性があるため、法令で明確にしたほうがよいのではないかと考えています）。

基本的には、少しでも節税をするために端数を切り上げて計算をするというスタンスでよいと思いますが、利益に対する影響が大きいときは、念のために税理士に相談しましょう。

事例9　マイニング報酬，ステーキング報酬，レンディングによる利息

Q 次の取引を行った場合に，所得金額の計算はどうなりますか

1．2022年2月1日に0.0002BTC（時価：1BTC＝400万円）のマイニング報酬を受け取った。
2．2022年3月1日に30ADA（時価：1ADA＝100円）のステーキング報酬を受け取った。
3．2022年4月1日に0.01ETH（時価：1ETH＝40万円）のレンディングによる利息を受け取った。

A

次のとおり，所得金額の計算を行います。

【マイニング報酬の所得金額】

（400万円×0.0002BTC）　－　　0円　＝　　800円

【ステーキング報酬の所得金額】

（100円×30ADA）　　　－　　0円　＝　3,000円

【レンディング報酬の所得金額】

（40万円×0.01ETH）　－　0円　＝　4,000円

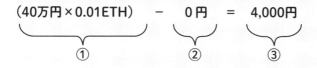

　　　　①　　　　　　　②　　　③

①収入金額：800円，3,000円，4,000円

収入金額は，原則として，取得した暗号資産の取得時点の価額（時価）です（所法36）。

②譲渡原価：0円

暗号資産の損益計算ソフトとの関係であえて説明しておきますが，何かを譲渡して対価を得ているわけではないため，譲渡原価はゼロ円です。なお，現在，暗号資産の損益計算ソフトの多くは，マイニング報酬やエアドロップ等について，収入金額がそのまま所得金額になるようになっており，譲渡原価が計算に反映されるようにはなっていません。

③所得金額：800円，3,000円，4,000円

収入金額からゼロ円を引くことになるので，収入金額がそのまま所得金額として計上されます。

上記のマイニング，ステーキング，レンディングに要した必要経費については所得の金額の計算上，収入金額から控除することが可能です（所法37）。なお，レンディング報酬は，所得税法上の利子所得とはならずに，事業所得又は雑所得になります。これは，利子所得が，公社債及び預貯金の利子並びに合同運用信託，公社債投資信託及び公募公社債等運用投資信託の収益の分配に係る所得であるからです（所法23，所令2）。

暗号資産の損益計算の方法が収入金額（譲渡価額）から取得価額を基礎として計算した譲渡原価を引いたものであるとすると，マイニング報酬，ステーキング報酬，レンディング報酬については，譲渡原価自体がないことに注意が必要です。ステーキングなどで預けている暗号資産は，これを保有する権利が移ったわけでもないので，ここの原価計算には反映させません。もちろん，これらの報酬を稼ぐために必要経費が生じているのであれば，それを収入金額から控除することになります。

なお，個人が保有する暗号資産を自分の法人に貸し付け，それを法人

がステーキングするというスキームを行っている方もいるようですが，場合によっては租税回避の否認規定等によって否認されるリスクもあるため，税理士に要相談です。

【参考】FAQ10，41頁

事例10　エアドロップ・giveaway で暗号資産を受領

Q 次の取引を行った場合に，所得金額の計算はどうなりますか。

2021年8月1日に30XRP（時価：1XRP＝80円）をエアドロップで取得した。

A

次のとおり，所得金額の計算を行います。

【エアドロップ・giveaway を受けた場合の所得金額】

(80円×30XRP) － 0円 ＝ 2,400円
　　①　　　　　 ②　　　③

①収入金額：2,400円

　暗号資産を無償で取得した場合の収入金額は，原則として取得時点の価額（時価）です（所法36）。

②譲渡原価：0円

無償で取得しているため，譲渡原価はゼロ円です。なお，現在，暗号資産の損益計算ソフトの多くは，マイニング報酬やエアドロップ等について，収入金額がそのまま所得額になるようになっており，譲渡原価が計算に反映されるようにはなっていません。

③所得金額：2,400円

収入金額からゼロ円を引くことになるので，収入金額がそのまま所得金額として計上されます。所得区分としては，通常，一時所得又は雑所得が候補に挙がります。一時所得に該当すれば，最大50万円の特別控除の適用があるため，結局，所得はゼロとなる可能性もあります。

エアドロップにしても，giveawayにしても，無償で暗号資産を取得している以上，その時の時価がそのまま収入金額，そして所得金額になります。

ちなみに，エアドロップは，もともと特定の暗号資産を保有しているなど，一定の条件を満たした人全員に対して配るある程度規模が大きいもの，giveawayは抽選系で小規模なプレゼントのイメージで使い分けている場合があります※。

※ このほか，エアドロップとgiveawayのニュアンスの違いについては諸説あります。

事例11　ウォレットに勝手にコインが送られてきた場合（詐欺コインの取扱い）

Q　ウォレットに勝手にコインが送られてきました。詐欺コインの可能性もあるため，収益を計上する必要はないですか。

A

　詐欺コインであるかどうかの判断は難しいですが，勝手にコインが送られてきた場合にも，その受領時点で，そのコインが時価（経済的価値，客観的な交換価値）を有している場合には，原則として，他の暗号資産と同じようにその時価で収入したものと扱われます（実際には，このコインが暗号資産であるか否かは問いません）。

　したがって，CoinGecko などの暗号資産の価額を確認できるサイトに時価が掲載されているか，他の取引所等で取引実績がないか，リサーチが必要です。ただし，そのコインを受領する意思がない，詐欺コインの疑いがあるなど一定の場合には，収入していないという取扱いが認められる可能性はあると思われます。

　なお，本当に詐欺コインであれば，それは時価が存在しないものが多いため，これを受領したときの税務処理はあまり問題にならないのかもしれませんが，まれに，詐欺コインでも，詐欺師が信憑性を高めるため CoinGecko などの価格表示サイトに登録しているケースもあったりするようです。よって，厳密にいうと，流動性のチェックなども必要になる場合があります。

　特に，CEX（コインチェックなどの中央集権型取引所）に比べて，**DEX（Uniswap などの分散型取引所）**は，詐欺コインでも比較的容易に上場できてしまうため，取引実績の有無だけでは判断するのが難しいケースもあります。詐欺コインが CEX や DEX で上場していても，流動性が低すぎて，実際に売却するのが困難な場合もあります。

　もっとも，**詐欺コインは迂闊に触ってしまうと，ウォレット内の暗号資産を全部盗まれる事態につながる**という危険があります。そのため，取引所への上場の有無，流動性の有無にかかわらず，現状，得体の知れない暗号資産を納税者は処分することができないという事情があります。

そして、このような事情が、収入していないという取扱いが認められる可能性との関係でどのように、どの程度考慮されるのか、明確ではありません。

　さらにいえば、**実際の所得計算に大きな影響を与える要素が詐欺コインにはあったりします（しかもそれは頻繁に発生します）**。暗号資産の損益計算ソフトはメジャーなコインであれば、自動的に時価を取得してくれます。「BTC」だったら「ビットコイン」、「ETH」だったら「イーサ」というように、アルファベットでの略称から時価を参照します。

　しかしながら、例えば「BTC」という略称だが、正式名称は「**詐欺BTC**」という名前の詐欺コインを100枚ウォレットに送りつけられたらどうなるでしょうか。計算ソフトは自動的に、「**BTC100枚をエアドロップで受け取った**」という処理をしてしまうのです（この問題は計算ソフトの種類によっては起こらないかもしれません）。

　また、エアドロップを受けたはよいが、その後にどんどん値段が下がってしまい、そのエアドロップされた暗号資産が、事実上売却不可能になってしまった場合を考えてみてください。この場合、エアドロップ時についていた時価は、所得（収入）として計上されてしまっているので、実質的には得しているわけではないのに納税が必要となるなど、実務上、詐欺コイン関係の問題が多いことに注意が必要です。

　なお、購入した結果、運営が資金を持ち逃げしたりして、価値がゼロになった、もしくは著しく金額が下がった暗号資産も詐欺コインと呼ばれることがありますが、この事例の詐欺コインはこのようなものを含めていません。

第2部　事例解説編

> **Column**　詐欺コインとダスティング攻撃
>
> 　納税者の方からよく聞かれる質問に，「ウォレットに全然聞いたことのないコインが入っていました。調べたところ，迂闊に触るとウォレットにある他のコインが全部盗まれる可能性があるため放置しているのですが，これは損益計算に反映されるのでしょうか？」というのがあります。
>
> 　これは「ダスティング攻撃」という，ハッカーが暗号資産を盗むため，個人の暗号資産の動きを観察することを目的として，少量の暗号資産を送金する行為かもしれません。これによってウォレットの動きを追跡して，個人や企業を特定しフィッシング詐欺をしたり，ゆすり行為をしたりするといわれています。詐欺コインによって暗号資産が盗まれる流れの一例を挙げます。
>
> 1．詐欺コインがウォレットに届く。
> 2．詐欺師がダイレクトメールなどで「このトークン（詐欺コイン）は○○○というDEXでしか取引できませんよ」などと伝え，有名DEXのような外観のフィッシングサイトに誘導し，フィッシングサイトのコントラクトアドレスに対し，approve（アプルーブ。他のコントラクトアドレスにトークンの移動をさせる許可を出すこと。例えばOpenseaに対してapproveを行うと，NFTの売買が成立した時点で所有者の代わりにOpenseaが売った人のウォレットからNFTを買った人にNFTを送付する。approveを詐欺師に対して行ってしまうと，ウォレット所有者の暗号資産やNFTを勝手に移動させる権限を詐欺師が得てしまう）するように促す。
> 3．フィッシングサイトのコントラクトアドレスに対してapproveする。

4．暗号資産やNFTが盗まれる。

　この他にも詐欺コインをメジャーなDEXなどのコントラクトアドレスに対してapproveさせ，自分のウォレット内のセキュリティに脆弱性のある暗号資産などが抜かれるケースもあります。対策としてはその送られてきた詐欺コインを使用せず（approveせず）に放置すること，そして何より知らない人からのダイレクトメールは無視することが挙げられます。最近では詐欺コインを送りつける形での詐欺は減っていて，他のやり方で直接フィッシングサイトに誘導する手口のほうが多いようです。

　また，誤ってapproveした場合，速やかにrevoke（リボーク。他のコントラクトアドレスに出したトークンの移動許可を取り消すこと）することで対処可能な場合もあります。ダスティング攻撃に用いられている暗号資産の一例として，The Ever.ioなどがあります（BTCなどのメジャーな暗号資産が送金されることもあるので注意してください）。

【参考】ダスティング攻撃とは
　「ダスティング攻撃（Dusting Attack）」とは，ハッカーや詐欺師が個人のウォレットに少額の仮想通貨を送金し，ウォレットの動きを追跡することによって，個人や企業を特定しようとする行為のことです。少額の仮想通貨をネットワーク上にばら撒いたハッカーは，特定した個人や企業に対して"ゆすり行為"を行ったり，手の込んだ"フィッシング詐欺"を行ったりする可能性があると伝えられています。
　（出典）https://bittimes.net/news/63800.html

事例12 暗号資産を相場より著しく低い価額で譲渡

Q 次の取引を行った場合に，所得金額の計算はどうなりますか。

1．2020年12月1日に600万円で3BTC（時価：1BTC＝200万円）を購入した。
2．2022年3月1日に400万円で2BTC（時価：1BTC＝500万円）を売却した。

※手数料については省略。

A

次のとおり，所得金額の計算を行います。

まずは，2022年3月1日の取引が低額譲渡に該当するかどうかを確認します。低額譲渡に該当するかどうかの判定は，実務上，**売却時の時価の70％相当額未満で売却したかどうか**を基準に行います。

【暗号資産を譲渡した場合の低額譲渡該当性の判定】

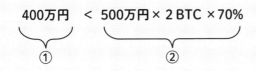

∴ 低額譲渡に該当する

①収入金額：400万円

この事例の場合，2BTCの売却額400万円を用います。

②売却時の時価の70％相当額：700万円

この事例の場合，2BTCを売却しています。したがって，売却時における1BTC当たりの時価500万円に2BTCを乗じた金額の70％相当額は700万円です。

実際は，この2BTCを400万円で売却していることから，低額譲渡に該当します。

低額譲渡に該当した場合は，次のとおり，所得金額の計算を行います。まずは，収入金額の計算です。

【暗号資産を低額譲渡した場合の収入金額】

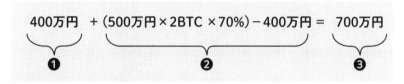

❶収入金額：400万円

2BTCの実際の売却価額400万円です。

❷時価の70％相当額との差額：300万円

売却時の時価の70％相当額700万円から上記❶の売却価額400万円を引いた300万円です。

❸収入金額：700万円

❶と❷の合計額である700万円になります。結果的には，売却時の時価の70％相当額になります。要は，**売却時の時価70％未満で売った場合には，収入金額は売却時の時価の70％で計算する**ということです。

これで収入金額が出たので，後は，通常の暗号資産の売却時の所得計算を行うだけです。

【暗号資産を低額譲渡した場合の所得金額】

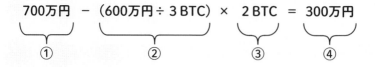

① 収入金額：700万円
② 譲渡した暗号資産の1単位当たりの取得価額（譲渡原価の計算1）：200万円
③ 譲渡した暗号資産の数量（譲渡原価の計算2）：2
④ 所得金額：300万円

注意すべきは，相場よりもかなり低い金額で売却したにもかかわらず，利益が300万円も計上されていることです。暗号資産を無償（贈与）又は時価よりも低額で譲渡した場合には，結局**時価で収入金額を計上しなければならない**ことになり，譲渡した側にも課税関係が生じる可能性があるので注意が必要です（所法40，所令87，所基通40-2，40-3）。

ここで，暗号資産を低額譲渡した場合のルールについて改めて確認しておきましょう。

時価という語の用語法も含めて，次の国税庁の解説がわかりやすいものとなっています。低額譲渡の説明です（FAQ26頁）。

> 平成31年4月1日以降，個人が，**時価よりも著しく低い価額の対価による譲渡**（注1）により暗号資産を他の個人又は法人に移転させた場合には，その対価の額とその譲渡の時におけるその暗号資産の価額との差額のうち実質的に贈与したと認められる金額（注2）を雑所得等の総収入金額に算入する必要があります（注3）。

(注)
1 「**時価よりも著しく低い価額の対価による譲渡**」とは，時価の**70％相当額未満で売却する場合**をいいます。
2 「**実質的に贈与したと認められる金額**」は，時価の70％相当額からその対価の額を差し引いた金額として差し支えありません。
3 上記により暗号資産の取得をした個人が，その暗号資産を譲渡した場合における雑所得等の計算の基礎となる暗号資産の取得価額は，その対価の額とその取得の時におけるその暗号資産の価額との差額のうち実質的に贈与したと認められる金額との合計額となります。

　時価よりも著しく低い価額の対価による譲渡（低額譲渡）により，暗号資産を他の個人又は法人に移転させた場合には，その対価の額とその譲渡時のその暗号資産の価額との差額のうち「**実質的に贈与したと認められる金額**」が雑所得等の総収入金額に算入されるということです。
　この場合の「時価よりも著しく低い価額の対価による譲渡」とは，**時価の70％相当額未満で売却する場合**をいうことと，総収入金額に算入する「実質的に贈与したと認められる金額」は，**時価の70％相当額からその対価の額を差し引いた金額として差し支えない**ことに注意が必要です。
　「事例12のケースにおいて，もし700万円で売却していた場合は『売却時の時価の70％相当額未満』ではないので低額譲渡に該当しないから上記のような課税はされない」という見解もあるかもしれません。しかしながら，関連する所得税基本通達40-2の文言は「**おおむね70％に相当する金額に満たない対価により譲渡する場合**」となっています。この「**おおむね**」の範囲の解釈によって課税されるリスクや，租税回避の否認規定等の適用によって課税されるリスクも検討しなければなりません。こ

第2部　事例解説編

の辺りの限界事例の処理は税理士に要相談です。

【参考】FAQ26頁

> **事例13　暗号資産を無償で譲渡（贈与，giveaway，寄附）**
>
> **Q** 次の取引を行った場合に，所得金額の計算はどうなりますか
> 1．2020年12月1日に600万円で3BTC（時価：1BTC＝200万円）を購入した。
> 2．2022年3月1日に無償で2BTC（時価：1BTC＝500万円）を譲渡した。
> ※手数料については省略。

A

次のとおり，所得金額の計算を行います。

【暗号資産を無償譲渡（贈与）した場合の所得金額】

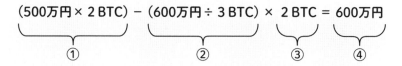

(500万円 × 2BTC) − (600万円 ÷ 3BTC) × 2BTC ＝ 600万円
　　　①　　　　　　　②　　　　　③　　④

① 収入金額：1,000万円
② 譲渡した暗号資産の1単位当たりの取得価額（譲渡原価の計算1）：
　 200万円

③譲渡した暗号資産の数量(譲渡原価の計算2):2
④所得金額:600万円

　贈与の場合には，低額譲渡の判定はないものの，結局，同様の課税関係になります。無償で譲渡した場合は，普通に暗号資産を売却したのと同じだけの利益が計上されてしまうのです(所法40，所令87)。つまり，個人所有の暗号資産を自分の法人に移す時や暗号資産で寄附を行った場合などは，実質的にはすべて利確をしたという扱いです。
　「事例12　暗号資産を相場より著しく低い価額で譲渡」の低額譲渡の説明に続いて，国税庁は，贈与の取扱いについて，次のとおり解説しています(FAQ27頁)。

　なお，平成31年4月1日以降，贈与(相続人に対する死因贈与を除く。)又は遺贈(包括遺贈及び相続人に対する特定遺贈を除く。)により暗号資産を他の個人又は法人に移転させた場合には，その贈与又は遺贈の時における暗号資産の価額(時価)を雑所得等の総収入金額に算入する必要があります。
　(注)
1　上記により暗号資産の取得をした個人が，その暗号資産を譲渡した場合における雑所得等の計算の基礎となる暗号資産の取得価額は，その贈与又は遺贈の時における暗号資産の価額となります。
2　個人が暗号資産を相続若しくは遺贈又は贈与により取得した場合には，相続税又は贈与税の課税対象となります。

　贈与(無償譲渡)の場合も低額譲渡と同様の課税関係になります。た

だし、**事例12の低額譲渡のように時価の70％相当額で収入金額を計上し
ても差し支えないのかどうかがはっきり書いていない点が気になります。**

　個人が棚卸資産又はこれに準ずる資産を贈与又は遺贈した場合には、
その時におけるその資産の価額相当額が収入金額に算入されます。この
場合の資産には暗号資産も含まれます（所法40①、所令87）。それでは、
この場合の贈与等の時におけるその資産の価額相当額とはどのようなも
のでしょうか。これは、実務上、**その贈与等をした資産がその贈与等を
した者の販売用の資産であるときは、その贈与等の時におけるその者の
通常他に販売する価額**によるとされています。また、**これ以外の資産で
あるときは、その贈与等の時における通常売買される価額**によるとされ
ています（所基通39-1）。

　さらに、贈与等の場合には、実務上、上記資産の**取得価額以上、かつ、
上記資産の価額のおおむね70％以上の金額で帳簿に記載し、これを事業
所得の金額の計算上総収入金額に算入することも認められています**（所
基通39-2）。低額譲渡の場合と平仄が合います（低額譲渡の場合のほう
が、税負担が低くなるようなルールを設定したときは、贈与＝ゼロ円で
譲渡ではなく、1円で譲渡＝低額譲渡するインセンティブを与えてしま
うため、平仄を合わせることは大事です）。

　さて、暗号資産の利益が事業所得ではなく雑所得に該当する個人が、
暗号資産を贈与した場合にも上記の**所得税基本通達39-2**の規定の適用
はあるのでしょうか。ここは**税理士に要相談**です。

　なお、個人が国や地方公共団体、特定公益増進法人などに対し、特定
寄附金を支出した場合には、寄附金控除（所得控除）を受けることがで
きます。政治活動に関する寄附金、認定NPO法人等に対する寄附金及
び公益社団法人等に対する寄附金のうち一定のものについては、所得控
除に代えて、税額控除を選択することができます。

　特定寄附金とは、国や地方公共団体への寄附金と指定寄附金（公益社

団法人，公益財団法人その他公益を目的とする事業を行う法人又は団体に対する寄附金で，広く一般に募集され，かつ公益性及び緊急性が高いものとして，財務大臣が指定したもの）などがこれに当たります（所法78，措法41の18，41の18の2，41の18の3等）。

法人が他者に暗号資産を贈与（寄附）した場合には，原則として，上記の特定寄附金に相当するものはその全額が損金になり，それ以外の寄附金は一定の限度額までを損金に算入することになります（法法37）。

【参考】FAQ27頁

事例14 個人が暗号資産を現物出資して法人設立

Q 暗号資産で多額の利益が出ており，個人よりも税率の低い法人を設立することを考えています。その際，個人が保有する暗号資産を法人に現物出資した場合，所得税の課税の対象になりますか。

A

個人が，法人に現物出資した場合も資産の譲渡として，所得税の課税対象になります。暗号資産を出資した場合の収入金額は，その出資した暗号資産の時価ではなく，現物出資により取得した株式や出資持分の時価となります（所法36）。実際は，出資した暗号資産の出資時における時価が，その株式や出資持分の時価に影響を与えます。

後は，「事例2　暗号資産を日本円で売却」に準じて所得金額を計算します。ただし，その取得した株式等の価額がその暗号資産の価額と比

較して著しく低額である場合には、「事例12　暗号資産を相場より著しく低い価額で譲渡」した場合に該当する可能性を検討する必要が生じます。なお，出資を受けた法人は資本等取引に該当し，課税されません（法法２十六，22②⑤）。

【参考】タックスアンサー NO.3117「不動産を法人に現物出資したとき」

> Column　個人事業主であるNFTクリエイターが法人を設立する（法人成りする）場合
>
> 　個人事業主であるNFTクリエイターが法人を設立する（法人成りする）場合，作品の著作権をはじめとするNFTクリエイター本人に帰属している各種権利を法人に移す手続きが必要になる可能性があります。また，権利の移転に伴い，NFTの時価評価や譲渡に伴う各種税金の処理など税務上も対応する必要があります。
>
> 　NFTアートを現に出品しているかどうかや，出品中のNFTアートが完売しているかどうかなどの事実関係により，**権利移転の要否や移転対象の権利が異なります。**
>
> 　これらの検討には，個別具体的な事情を踏まえた専門家による判断が必要となりますので，**NFTの法務・税務に詳しい弁護士や税理士**に確認していただくことをお勧めします。

事例15　暗号資産の廃品回収サービスの利用

Q　次の取引を行った場合に，所得金額の計算はどうなりますか。

暗号資産関係：所得税・法人税

> 2021年12月31日に暗号資産の廃品回収サービス（廃品回収業者）を利用して，2021年6月16日に700万円（時価：1 TITAN＝7,000円）で購入した1,000TITANを1円で全数量引き取ってもらった。
> ※手数料については省略。

A

次のとおり，所得金額の計算を行います。

【暗号資産の廃品回収サービスを利用した場合の所得金額】

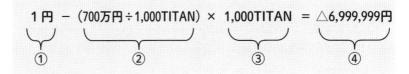

1円 －（700万円÷1,000TITAN）× 1,000TITAN ＝ △6,999,999円
①　　　　②　　　　　　　③　　　　　　④

① 収入金額：1円
② 譲渡した暗号資産の1単位当たりの取得価額（譲渡原価の計算1）：7,000円
③ 譲渡した暗号資産の数量（譲渡原価の計算2）：1,000
④ 所得金額：△6,999,999円

ここで検討すべき点は，この取引が低額譲渡に該当するかどうかです。廃品回収に出すような暗号資産は通常，普通の取引所では値段がつかないものがほとんどです。そのため，低額譲渡に該当する可能性は低いといえます。ただし，「廃品回収サービスに出す＝低額譲渡に該当しない」というわけではないので，その点だけ注意が必要です。

廃品回収サービスに出した暗号資産の引取価格が，引取時の時価の70％相当額に満たない場合には，「**事例12　暗号資産を相場より著しく低い価額で譲渡**」の低額譲渡を行ったときの所得計算を行うことになります。

他にも検討しておくべき課税リスクがあります。ケースによっては，**譲渡による損失として計上したものがそれ以前の単なる詐欺損失，資産損失として認定・評価され，必要経費算入が制限されるようなことはないか，租税回避の否認規定等の適用によって課税されるのではないか，という点をあらかじめ慎重に検討しておくべきでしょう。この辺りの限界事例の処理は税理士に要相談**です。

なお，ここでいう**暗号資産の廃品回収サービス**とは，流動性が低すぎて（買う人が少なすぎて），実質的に売却できない不要な暗号資産を無償又は1円など非常に安い金額で引き取るサービスのことです。売却できないような暗号資産をいつまでも持っていても仕方ないですし，保有しているだけでは税金の計算上，損失を計上することが難しいため，このようなサービスを利用したいという需要があるのだと考えます。

保有しているだけでは，税金の計算上，損失計上できなかったものが，譲渡という形をとることによって損失計上できるようになる，節税ができるというのがこのサービスの1つのウリなのです。もちろん，通常，引取手数料又は譲渡損証明手数料がかかりますし，所得計算に当たって，それを必要経費として算入することになります。

他の暗号資産の譲渡等による所得（利益）が出た年まで，そのような暗号資産を保有しておいて，その年に譲渡して損失を認識させることで，その所得との相殺を図る方もいるでしょう。

ちなみに burn address という，そのアドレスに送付した暗号資産・NFT を burn（燃やす≒事実上消滅させる）することができるアドレスがあります。burn address に送った履歴はトランザクションから把握

可能であるため引取証明書と同様のデータは確認できます。

なお，burn address の具体例として，「0x0000000000000000000000000000000000000000」などが挙げられます。

また，廃品回収サービスを利用するのではなく，セルフ burn（自分で自分の暗号資産・NFT を burn address に送ること）した場合は**損失として認められる**のか，暗号資産送付時に誤ったアドレスを入力してしまい暗号資産を失う，いわゆるセルフ Gox の場合は損失として認められるのかといった論点もあると思います。

:::
| Column | 相場下落時の対応について

　暗号資産・NFT には，その時々によって**大幅**に**時価が変動**するものが多く，例えば夏ごろに暗号資産の相場が上がっていて，暗号資産同士を交換して課税イベントを発生させたが，年末から所得税の納付期限までにかけて**相場が暴落**してしまい，納税のために日本円に替えようと思ったら，想像以上に低い金額でしか日本円に換金できず，納税資金を工面できずに困った，といったことはよくある話です。

　こういったケースに該当する方は，あらかじめ年末にある程度，納税資金として自分の保有する暗号資産・NFT を日本円と交換しておいたり（もちろん課税イベントが発生します），損失が出ている暗号資産を損切りして利益と相殺したりするといった対応が求められます。

　ただし，暗号資産・NFT 投資に限らず投資の基本は「**安く買って高く売る**」ですし，損失を出した場合，再投資できる金額がその分減少するため，ご自身の日本円の**資金繰りを考えたうえで**必要に応じて暗号資産・NFT の損切りを行うことが求められます。
:::

第2部　事例解説編

事例16　暗号資産の取得価額（対価を支払って暗号資産を取得（購入）したケース）

Q 次の取引を行った場合に，取得価額の計算はどうなりますか

2019年10月1日に180万円で2BTC（時価：1BTC＝90万円）を購入した。この際に，1,980円の購入手数料（税込）を支払った。なお，消費税の経理処理は税込経理方式を採用している。

A

次のとおり，取得価額の計算を行います（法令119の6①一，FAQ7頁）。

【対価を支払って暗号資産を取得（購入した）場合の取得価額】

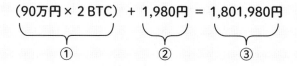

①購入対価：180万円

暗号資産そのものの購入のために支払った金額を計上します。この場合，時価90万円のBTCを2BTC購入しているので180万円となります。

②購入のために要した費用：1,980円

購入手数料やガス代など購入のために要した費用も取得価額（消費税込）に含めます。この取引を行う者が消費税法上の課税事業者に該当し，かつ税抜経理方式を適用している場合は，手数料に含まれる消費税の額（この場合は180円）と課税取引の対価の額（1,800円）を区分し，課税取引の対価の額1,800円を取得価額に含めます。

③取得価額：1,801,980円

購入対価と購入のために要した費用を合算します。この事例では，取得価額は1,801,980円となります。

なお，ガス代を暗号資産の購入のために要した費用であると解した場合，基本的にはこれを取得価額に加算しなければなりませんが，計算ソフトの都合上，別途経費として処理している方も多いようです。後は，少額の場合に取得価額に算入しないことができるという取扱いが認められるか否かの問題があります。

【参考】FAQ 7 頁

事例17 暗号資産の取得価額（事例18以外で贈与又は遺贈により取得したケース）

Q 次の取引を行った場合に，取得価額の計算はどうなりますか。

2021年11月1日に200BTC（時価：1BTC＝700万円）を贈与された。

A

贈与又は遺贈（**事例18**の場合を除く）により暗号資産を取得した者が，後日，上記の暗号資産を譲渡した場合には，次のとおり，取得価額の計算を行います（所法40②一，FAQ 7 頁）。

【事例18以外で贈与又は遺贈により取得した場合の取得価額】

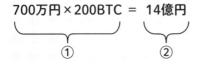

①贈与又は遺贈の時の時価：14億円
②取得価額：14億円

　贈与が行われた時の時価をもって取得価額とします。この場合，時価700万円のBTCを200BTC贈与しているので14億円となります。

【参考】FAQ 7 頁

事例18　暗号資産の取得価額（相続人に対する死因贈与，相続，包括遺贈又は相続人に対する特定遺贈により取得したケース）

Q1　次の取引を行った場合に，取得価額の計算はどうなりますか。

　2021年11月1日に200BTC（被相続人の取得時の時価は1BTC＝10万円であり，被相続人の死亡時に，その被相続人が暗号資産について選択していた総平均法により評価した金額も同額）を相続により取得した。

Q2　次の取引を行った場合に，相続税の計算（概算）はどうなりますか。

前提：甲（父）は暗号資産取引をしていたが，2021年10月1日死亡した。相続人は乙（子：1人）以外おらず，暗号資産以

外の財産の存在や各種控除等は考慮しない。
1．甲は2017年2月1日に2,000万円で200BTC（時価：1BTC＝10万円）を購入した。
2．乙は2021年11月1日に200BTC（時価：1BTC＝700万円）を相続により取得した。
3．乙は2022年3月1日に200BTCを10億円（時価：1BTC＝500万円）で売却した。
※手数料については省略。

A

Q1について

相続人に対する死因贈与，相続，包括遺贈又は相続人に対する特定遺贈相続等により暗号資産を取得した者が，後日，上記の暗号資産を譲渡した場合には，被相続人の死亡時に，その被相続人が暗号資産について選択していた方法により評価した金額が取得価額となります（被相続人が死亡時に保有する暗号資産の評価額）（法令119の6②一，FAQ7頁）。所得金額の計算は次のように行います。

【相続人に対する死因贈与，相続，包括遺贈又は相続人に対する特定遺贈により取得した場合の取得価額】

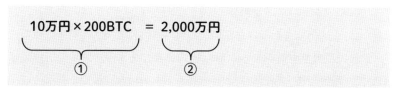

①被相続人の死亡時に，その被相続人が暗号資産について選択してい

た方法により評価した金額：2,000万円
②相続人の取得価額：2,000万円

被相続人の死亡時に，その被相続人が暗号資産について選択していた方法により評価した金額をもって取得価額とするため，2,000万円となります。

相続税の負担も考慮すると，実はこの計算方法については，とんでもない問題が隠されています。**Q2**の例で確認します。

Q2について

【相続により取得した暗号資産を売却した場合の所得金額】

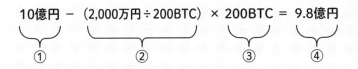

①収入金額：10億円
②譲渡した暗号資産の１単位当たりの取得価額（譲渡原価の計算１）：
　10万円
③譲渡した暗号資産の数量（譲渡原価の計算２）：200
④所得金額：9.8億円

さてここで出てきた所得を元に2022年の所得税（復興特別所得税額含む）・住民税の額を概算すると約5.4億円になります（2021年の所得税について，所得税法上，相続により取得するものは非課税です。所法9①十七）。相続税は約6.8億円となります。これらを合計すると納めなけれ

ばならない税金は約12.2億円です。乙が換金できたのは10億円です。納税額に約2.2億円が足りません。このような事態が想定されるならば相続を放棄することも検討せざるをえません。

　なぜこんなことになるかというと，現在のところ，相続により取得した暗号資産を売却した際の取得価額は，その暗号資産の相続時の時価ではなく，被相続人（この場合，甲）が死亡時に保有する暗号資産の評価額として被相続人の取得価額を引き継ぐという扱いになっていると考えられており，**二重課税のような状態**となっているためです（第1部33頁「暗号資産の取得価額」参照）。

　なお，相続により取得した不動産や株式等を相続税の申告期限の翌日以後3年を経過する日までに譲渡した場合に，これに係る相続税額のうち一定金額を譲渡資産の取得費に加算することができる特例（措法39）は，所得税法33条3項の譲渡所得に係る取得費の特例であり，雑所得の計算の際に適用することはできません（「**事例28　相続財産を譲渡した場合の取得費の特例の適用**」参照）。

【参考】FAQ 7頁

事例19　暗号資産の取得価額（暗号資産同士の交換をしたケース）

Q　次の取引を行った場合に，ETHの取得価額の計算はどうなりますか。

1．2021年1月1日に200万円で10万ADA（時価：1 ADA ＝ 20円）を購入した。
2．2022年4月1日に5万ADAを6 ETH（時価：1 ADA ＝ 48円，1 ETH ＝ 40万円）で売却した。
　※手数料については省略。

第2部　事例解説編

A

上記2．で5万ADAを売却した際に，次のとおり，ETHの取得価額の計算を行います（法令119の6①二，FAQ7頁）。

【暗号資産同士の交換により取得した場合の取得価額】

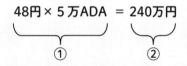

①取得時点の時価：240万円

②取得価額：240万円

　取得時（交換時）の時価をもって取得価額とします。この場合，時価48円のADAを5万枚支払って，6ETHを取得しているので6ETHの取得価額は240万円となります。

【参考】FAQ7頁

事例20　暗号資産の取得価額（マイニング報酬，ステーキング報酬，レンディング報酬，エアドロップ・giveaway，分岐・分裂で暗号資産を受け取ったケース）

Q　次の取引を行った場合に，取得価額の計算はどうなりますか。

　2022年2月1日に0.0002BTC（時価：1BTC＝400万円）のマイニング報酬を受け取った。

　※手数料については省略。

A

次のとおり，取得価額の計算を行います（FAQ 7 頁）。なお，ステーキング報酬，レンディング報酬，エアドロップ・giveaway，分岐・分裂で暗号資産を取得したケースも処理は同じです（法令119の6①二，FAQ 7 頁）。

【マイニング報酬，ステーキング報酬，レンディング報酬，エアドロップ・giveaway，分岐・分裂で暗号資産を受け取った場合の取得価額】

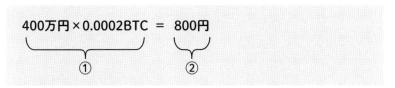

①取得時点の時価：800円
②取得価額：800円

取得時（交換時）の時価をもって取得価額とします。この場合，時価400万円のBTCを0.0002BTC取得しているので800円となります。

取得した暗号資産につき，交換時に価値を有していなかった場合，取得価額はゼロ円となります。暗号資産の分裂（分岐）により新たに誕生した暗号資産を取得した場合，その時点では取引相場が存しておらず，同時点においては価値を有していなかったと考えられています。このため，実務上，この時点では，課税対象となる所得は生じないこととされ，この場合の新たな暗号資産の取得価額はゼロ円と取り扱うこととされています。法人税の取扱いも同様です（FAQ 7 ～ 9 頁）。

なお，取得価額ゼロ円とされた暗号資産を売却した場合に，その取得

価額を収入金額の5％相当額とすることができるかという論点があります。この点は，下段コラム「暗号資産の取得価額がわからない場合の対応は？　5％通達による節税は可能？」を踏まえたうえで，税理士に要相談です。

収入金額や所得金額の計算については「事例9　マイニング報酬，ステーキング報酬，レンディングによる利息」及び「事例10　エアドロップ・giveawayで暗号資産を受領」をご参照ください。

【参考】FAQ 7～9頁

> Column　暗号資産の取得価額がわからない場合の対応は？
> 　　　　5％通達による節税は可能？
>
> 　暗号資産の取引数が多い場合には，損益計算ソフトの利用が必須です。多くの計算ソフトでは，暗号資産の時価データを何らかの形で計算に反映させることが可能です。
> 　しかし，本来であれば取引した暗号資産の数量や受渡し日時を記録しておくべきであったにもかかわらず，記録していなかった場合，どうなるでしょうか。FAQ21頁は「暗号資産の取得価額や売却価額が分からない場合」という題名の下で，「本年中に暗号資産取引を行いましたが，取引履歴を残していないため，暗号資産の取得価額や売却価額が分かりません。これらの価額を確認する方法はありますか。」という質問に対して次のとおり回答しています。
>
> > 　次の区分に応じて暗号資産取引の取得価額や売却価額を確認することができます。
> > ①　国内の暗号資産交換業者を通じた暗号資産取引
> > 　平成30年1月1日以後の暗号資産取引については，国税庁から暗号資産交換業者に対して，次の事項などを記載した「年間取引報告

書」の交付をお願いしています（「15年間取引報告書の記載内容」参照）。
- 年中購入数量：その年の暗号資産の購入数量
- 年中購入金額：その年の暗号資産の購入金額（取得価額）
- 年中売却数量：その年の暗号資産の売却数量
- 年中売却金額：その年の暗号資産の売却金額

　お手元に年間取引報告書がない場合は，暗号資産交換業者に年間取引報告書の（再）交付を依頼してください。
（注）　平成29年以前は，年間取引報告書が交付されない場合があります。その場合は下記②により，ご自身で暗号資産の取得価額や売却価額を確認してください。

②　上記①以外の暗号資産取引（国外の暗号資産交換業者・個人間取引）
　個々の暗号資産の取得価額や売却価額について，例えば次の方法で確認してください。
- 暗号資産を購入した際に利用した銀行口座の出金状況や，暗号資産を売却した際に利用した銀行口座の入金状況から，暗号資産の取得価額や売却価額を確認する。
- 暗号資産取引の履歴及び暗号資産交換業者が公表する取引相場（注）を利用して，暗号資産の取得価額や売却価額を確認する。

（注）　個人間取引の場合は，あなたが主として利用する暗号資産交換業者の取引相場を利用してください。確定申告書を提出した後に，正しい金額が判明した場合には，確定申告の内容の訂正（修正申告又は更正の請求）を行ってください。

　なお，売却した暗号資産の取得価額については，売却価額の5％相当額とすることが認められます。
　例えば，ある暗号資産を500万円で売却した場合において，その暗号資産の取得価額を売却価額の5％相当額である25万円とすることが認められます。

上記のなお書き部分の根拠は次の所得税基本通達48の2-4です。

> 　暗号資産を売買した場合における事業所得の金額又は雑所得の金額の計算上必要経費に算入する金額は，法第37条第1項及び第48条の2の規定に基づいて計算した金額となるのであるが，暗号資産の売買による収入金額の100分の5に相当する金額を暗号資産の取得価額として事業所得の金額又は雑所得の金額を計算しているときは，これを認めて差し支えないものとする。

　売却した暗号資産の取得価額については，**収入金額（売却価額）の5％相当額**とすることを認めているのです。逆にいえば，売却価額の95％が利益になるということです。いわゆる5％ルールとよばれているものです。

　暗号資産取引において，この5％ルールが威力を発揮するときがあります。資産が取得価額の20倍超に値上がりした場合は，納税者がすごい得をしてしまう可能性があるのです。暗号資産界隈だったら，取得価額の20倍超に値上がりすることも十分ありえます。このルールを活用すると**暗号資産の利益額をかなり圧縮できるケース**があるのです。

　ただし，**実際の取得価額**が認識・証明されていて，上記のケースのように5％ルールを適用する場合と適用せずに実際の取得価額で計算する場合とで，**税負担に相当の差**が生じることが明らかであるときにまで，税務署がこの5％ルールの適用を認めてくれるのか，明らかではありません。また，ゼロ円で取得したことが明らかである暗号資産に対して5％ルールを適用することは所得計算上，不合理ですし，法人税との取扱いの公平性の問題もあることは明白です。

　国税庁は上記通達の趣旨説明で次のように説明しています（令

和2年6月29日国税庁個人課税課情報第5号他「別添　令和元年度税制改正等に伴う所得税基本通達等の主な改正事項について」7頁)。

> 1　暗号資産の売却等に係る所得金額を計算する際には，その売却等をした年の年末（12月31日）時点での1単位当たりの取得価額を総平均法又は移動平均法のいずれかの方法により算出することとされています。（所法48の2①，所令119の2①）。
> 2　しかしながら，暗号資産を長期間保有している場合や，保有期間中何回も売買が行われている場合には，納税者において法令上の定めに則り正確に取得価額を計算することは困難といったケースも想定されます。
> 3　本通達は，暗号資産の売買による所得についても，有価証券の譲渡による取得費の計算同様，暗号資産の売買による収入金額の5％相当額を取得価額として計算することとしてもこれを認める旨を明らかにしています。

また，国税庁タックスアンサー No.1464「譲渡した株式等の取得費」は，「取得費が分からない場合などの取扱い」として，次のとおり説明しています。

> 譲渡した株式等が相続したものであるとか，購入した時期が古いなどのため取得費が分からない場合には，同一銘柄の株式等ごとに，取得費の額を売却代金の5パーセント相当額とすることも認められます。実際の取得費が売却代金の5パーセント相当額を下回る場合にも，同様に認められます。
> 　例えば，ある銘柄の株式等を300万円で譲渡した場合に取得費が不明なときは，売却代金の5パーセント相当額である15万円を取得費とすることができます。

上記説明のうち，「実際の取得費が売却代金の5パーセント相

当額を下回る場合にも，同様に認められます。」という部分だけを切り出して注目するならば，実際の取得価額が認識・証明されていて，上記のケースのように5％ルールを適用する場合と適用せずに実際の取得価額で計算する場合とで，税負担に相当の差が生じることが明らかであるときであっても，税務署がこの5％ルールの適用を認めてくれる可能性はあります（これを認めたくないので，FAQでは「取引履歴を残していないため，暗号資産の取得価額や売却価額が分かりません。」という事例とこれに対する回答しか掲載していないのかもしれません）。

　ただし，場合によっては，上記通達の趣旨説明にある「暗号資産を長期間保有している場合や，保有期間中何回も売買が行われている場合には，納税者において法令上の定めに則り正確に取得価額を計算することは困難といった」通達が想定するケースではないとして，国税庁にはしごを外される（5％ルールの通達の適用を認めない）リスクも一応念頭に置いておくべきでしょう。

　5％ルールは所詮，法律ではなく，通達で，しかもその法的根拠も不明確であり，限界事例においては**税理士に要相談**です。

【参考】FAQ21頁，タックスアンサー No.1464「譲渡した株式等の取得費」

事例21　DEXに流動性を供給

Q 次の取引を行った場合に，所得金額及びCake-LPの取得価額の計算はどうなりますか。なお，預けた1BNBは2万円（時価：1BNB＝2万円），20CAKEは2万円（時価：1CAKE＝1,000円）で取得したものとする。

2021年6月1日に1BNB（時価：1BNB＝4万円）と20CAKE（時価：1CAKE＝2,000円）を預け，代わりに4Cake-LPを取得した。

※手数料については省略。

A

現在，実務上，流動性供給については，「①流動性供給は課税イベントではない」とする考え方と「②流動性供給は課税イベントである」という2つの異なる考え方が存在します。実際にどのような処理を行うのか，どのような根拠を支持するのかは，**税理士に相談してから決めてください**。事例をもとに，それぞれの考え方に基づいて，所得金額の計算方法を解説します。なお，流動性供給は必ずしも2種類のトークンを預けるケースだけではありません。1種類や3種類以上預けるケースもありますが，ここでは2種類のトークンを預けるケースを用いて解説します。

【流動性供給は課税イベントではないという考え方を採用した場合の流動性供給時の所得金額】

計算不要

「①流動性供給は課税イベントではない」という考え方を採用するならば，BNBとCAKEに係る損益計算は不要です。

「②流動性供給は課税イベントである」という考え方を採用するなら

ば，次のとおり所得金額を計算します。なお，細かい計算は，**事例2**及び**事例3**を参照してください。

【流動性供給は課税イベントであるという考え方を採用した場合の流動性供給時の所得金額】

- BNBの利益
 （4万円×1 BNB）−（2万円÷1 BNB）×1 BNB ＝ 2万円

- CAKEの利益
 （2,000円×20CAKE）−（2万円÷20CAKE）×20CAKE ＝ 2万円

預けた2種類の暗号資産は預けたタイミングで課税イベントとして処理することとなるため，それぞれの利益を計算します。また，取得したLPトークンの取得価額は，次のとおり，2種類の暗号資産の時価の合計額となります。

【流動性供給は課税イベントであるという考え方を採用した場合の流動性供給時のLPトークンの取得価額】

（4万円×1 BNB）＋（2,000円×20CAKE）＝ 8万円

なお，2つの考え方のいずれを採用した場合であっても，流動性解除時（LPトークン返却時）の税務処理は場合によってはかなり複雑になりますので，**税理士に要相談**です。

ちなみに，インパーマネントロス（流動性供給時に預けたトークンの構成割合が変動することにより発生する損失）は流動性供給解除時に払い戻される暗号資産の数量に影響を与えますが，通常，インパーマネン

トロスの存在を特別に意識して損益計算を行うことはないため本書では省略しています。

> **Column** 流動性供給と貸借の課税イベントの考え方
>
> 　前述のとおり，現在，実務上，流動性供給については，「①流動性供給は課税イベントではない」とする考え方と「②流動性供給は課税イベントである」という2つの異なる考え方が存在します。参考までにこの処理の根拠を簡単に検討してみます（なお，実際にどのような処理を行うのか，どのような根拠を支持するのかは，**税理士に相談**してから決めてください）。
>
> 　まず，「①流動性供給は課税イベントではない」という考え方は，国内の計算ソフトで主に採用されている処理と整合的です。この考え方の根拠として，例えば，預り証構成，預託構成というようなものがあります。次のような考え方です。
>
> > 　課税イベントが発生するかどうかは，ある資産を有する者がその資産を有しなくなる，支配を手放すかどうかで判断する。流動性供給時には，暗号資産を預けたにすぎないし，LPトークンは単なる預り証にすぎない。
> > 　LPトークンはプールの中に入っている暗号資産の割合的持ち分のようなものであり，LPトークンを返却しても，預けた数量と同じ数量の暗号資産が戻ってくるわけではないが，このことを考慮したとしても，暗号資産を預けた者がその預けた暗号資産に対する支配を預けたことによって完全に手放したわけではない。
> > 　LPトークンと預けた暗号資産は紐付いていて，LPトークンを返却することにより，預けた暗号資産（の割合的持ち分）を返却してもらうことができるからである。よって，流動性供給時に暗号資

155

> 産をプールに入れただけでは，課税イベントではない。

　以上の考え方とは別に，自己取引構成というべきものがあります。これは，DEXの取引では，取引の相手方として法的人格のある者が存在しない（あるのはスマートコントラクトにおける処理のみである）と考えるならば，単なる自己取引にすぎない，だから課税イベントとしてみないというものです。このように考えることもできそうですが，この場合，DEXにおける通常の交換取引を課税イベントとして捉えることとの整合性が問われます。

　次に，「②流動性供給は課税イベントである」という考え方は，海外の計算ソフトで主に採用されている処理と整合的です。この考え方の根拠として，例えば，資産変化構成，収入構成というようなものがあります。次のような考え方です。

> 　課税イベントが発生するかどうかは，ある資産が何か別の資産に変わった，経済的価値のあるものが収入（外部から流入）したかどうかで判断する。LPトークンは，プールを利用して暗号資産を交換したユーザーが支払う手数料の分配を受ける権利証でもあり，DEXにステーキングすることで報酬を得ることができるし，中にはDEXに上場されていて売買できるものもある。IFO（Initial Farm Offerings）でLPトークンを使って資金調達を行うケースもある（参考：https://ouroboros.mobi/archives/16359）。
> 　このことからすると，LPトークンは単なる預り証ではなく，預けた暗号資産とは異なる種類の暗号資産，場合によっては証券の一種である。あるいは，一時的な要素はあるにせよ，暗号資産を支払って（保有する暗号資産の権利を手放して），LPトークンを購入した又は両者を交換したのと同じである。よって，流動性供給時に暗号資産をプールに入れてLPトークンを手に入れることは，課税イベントである。

なお，DEXの１つであるCompoundで暗号資産を貸し付けた際に発行されるcToken(cETHなど)に代表される債権トークン（その他，vETHやstETHなどが例として挙げられる）についても，実務上，LPトークンと同様の考え方で処理しているようです。ただし，債権トークン自体に時価が存在するケースも存在するため，暗号資産の預け入れによる債権トークンの取得を課税イベントとして捉えた場合，次のような問題が生じることとなります。例えば，cETH自体に時価が存在し，それがETHの時価と異なる場合，預け入れたETHの時価をcETHの時価として処理する考え方と，預け入れにより取得したcETHの時価で処理する考え方のどちらを採用すべきか，というものです。

このことは個人間や個人・法人間での暗号資産の貸し借りのケースにも問題になります。ただし，このケースでは，より難しい問題が存在します。

例えば，借りてきた暗号資産を担保に，再度別の暗号資産を借りるといったことが簡単にできます。また実質的には譲渡している暗号資産を節税のために「貸した」ものとして処理するといったことが起こることが予想できます。

また，５ETHが入っているウォレットAに他者から借りた10ETHを入金した後，３ETHを使って他の暗号資産などを買った場合，自分のETHで買ったのか，借りたETHで買ったのかの判別ができるのかといったことも考慮しなければなりません。

そういったことを踏まえると，借りた暗号資産の取得価額をどうすべきかは**非常に難しい問題**となります。**取得価額をゼロ**と考え，購入した暗号資産の時価が全額利益計上されることになるのか，それとも**借りた時点における暗号資産の時価**（貸した人の暗号資産の取得価額も考えられるが実務上把握が難しいケースが多い）を用いるのか，これにより**利益の額が大幅に変わってしまう**

のです（暗号資産の消費貸借の場合の税務処理の参考として，国税不服審判所令和2年12月4日裁決，泉絢也・月刊税務事例54巻8号75頁以下参照）。

　ほかにも，NFT アートを担保に WETH を取得するサービスも存在しますが，仮に担保の提供を交換扱いとして，NFT アートの譲渡所得を確定させようとすると NFT アートの所得金額の計算に問題が生じます。DeFi での借入は過剰担保が一般的であるため，NFT アートの時価を取得した WETH と等価であるとは考えにくく，NFT アートの所得金額を正確に計算できないのです（暗号資産を担保にした場合も同様の問題は起こります）。

　このように LP トークン，債権トークンや暗号資産・NFT の貸借の税務上の取扱いに関する議論はいまだ成熟しておらず，この点に関する国税庁の公式見解も明らかになっていません。実際にどのような処理を行うのか，どのような根拠を支持するのかは，**税理士に相談**してから決めてください。

事例22　LP トークンをステーキングして，ステーキング報酬を取得

Q　次の取引を行った場合に，所得金額の計算はどうなりますか。

1．2021年4月1日に1BNB（時価：1BNB＝4万円）と0.2ETH（時価：1ETH＝20万円）を預け，代わりに4Cake-LP を取得した。直後，4Cake-LP をステーキングした。

2．2022年3月1日に5CAKE（時価：1CAKE=800円）をステーキング報酬として取得した。
3．2022年4月1日にLPステーキングを解除し，4Cake-LPを回収した。
※手数料については省略。

A

次のとり，所得金額の計算を行います。

【LPステーキングのステーキング報酬を受け取ったケースにおける所得金額】

$$5\,\text{CAKE} \times 800円 - 0円 = 4,000円$$
　　　①　　　　　②　　　③

①収入金額：4,000円

収入金額は，原則として，取得した暗号資産の取得時点の価額（時価）です（所法36）。

②譲渡原価：0円

何かを譲渡して対価を得ているわけではないため，譲渡原価はゼロ円です。

③所得金額：4,000円

収入金額がそのまま所得金額として計上されます。

流動性マイニングで受け取ったLPトークンは，それ自体をステーキ

ングすることができるものです。LPトークンのステーキング開始及び終了は，課税イベントではないため，損益計算は不要です。ステーキング報酬を受け取った場合は，その受取り時の時価を所得金額として計上することとなります。ちなみにプロジェクトによっては，LPトークン作成だけで自動的にステーキング報酬が得られるタイプのものもあります。

なお，受取り時の時価を所得金額として計上すると述べましたが，ステーキング報酬を所得（収入金額）として計上するタイミングはclaim（暗号資産・NFTによる報酬を要求すること。これにより，ステーキング報酬などやBCGで得た報酬を実際に自分のものとして受け取ることができる）前かclaim後なのかといった課税のタイミングも問題になり得ますが，実務上では，取引履歴などで客観的に受け取りが証明できるタイミングで所得計上するケースが多いものと思われます（この問題をややこしくしないために，ステーキング報酬は年内にすべてclaimすることを推奨します）。

事例23　ラップ・アンラップした場合

Q 次の取引を行った場合に，所得金額の計算はどうなりますか。

1．2017年1月1日に100万円で1,000ETH（時価：1ETH＝1,000円）を購入した。
2．2022年4月1日に500ETH（時価：1ETH＝40万円）を500WETH（時価：1WETH＝40万円）にラップし，ETHチェーンからPolygonチェーンにbridgeした。
※手数料については省略。

A

　ETH や BTC などの暗号資産を，そのままの状態では使えないチェーンやサービスで利用するために，それらのチェーンやサービスと互換性を持った暗号資産に交換することを「ラップ」，「ラップする」といっています。基本的には，ラップする前の暗号資産とラップした後の暗号資産の時価はほぼ同じ（多少の時価のずれは生じます）です。

　実務上，ラップした場合，またはアンラップした（ラップした暗号資産をもとの暗号資産に戻すこと）場合に**課税イベントとして見るかどうか**で意見が分かれています。ラップ取引に係るカストディアンが存在するか否か，スマートコントラクトによる自己取引といえるか否か，DEX における交換取引にすぎないかなどの観点からの議論があります。

　つまりケースバイケースなのですが，仮にカストディアンが存在する場合でも，例えば，ユーザーが BTC を WBTC にラップした場合に自己の BTC が本当にカストディアンに送金されたのかどうかを確認することができるかなど，検討すべき問題は残されています。やはり現段階では**税理士に要相談**といわざるをえません。

【ラップは課税イベントではないという考え方を採用した場合の
　ラップ時の所得金額】

計算不要

　まず，ラップ・アンラップが課税イベントに該当しないという考え方を採用する場合は，所得金額の計算は不要です。

　次に，ラップ・アンラップが課税イベントに該当する場合の所得金額の計算方法を解説します。この場合はラップ前の暗号資産とラップ後の

暗号資産の交換取引として，次のとおり，所得金額の計算を行います。なお，暗号資産の売却取引と同じ処理になるため，詳細については省略します。

【ラップは課税イベントであるという考え方を採用した場合のラップ時の所得金額】

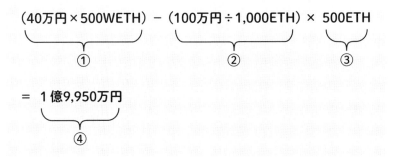

① 収入金額：2億円
② 譲渡した暗号資産の1単位当たりの取得価額（譲渡原価の計算1）：1,000円
③ 譲渡した暗号資産の数量（譲渡原価の計算2）：500
④ 所得金額：1億9,950万円

　ラップ・アンラップを課税イベントとして処理する場合，上記例のように，特段何かを買ったわけでもなく，値上がり益を狙ったわけでもなく，ただ単に他のチェーンにコインを移動させるためにほぼ同じ価値の暗号資産に変えただけで，所得金額の計算が求められます。
　本来であれば，ガチホして，より利益を伸ばそうと考えていたのにもかかわらず，チェーン間移動を行っただけで課税されてしまうということです。これが課税イベントになり得ると認識していない人もいるかも

しれません。それどころかETHがWETHにラップされたことすら，気づいていない人もいるかもしれません。

以上からラップ・アンラップについては，2017年以前から暗号資産を保有しているなど値上がりしている暗号資産を保有している人は注意が必要です。

事例24　不正送信（ハッキング）被害に遭った暗号資産交換業者から暗号資産に代えて金銭の補償を受けた場合

Q　暗号資産交換業者が不正送信被害に遭い，預かった暗号資産を返還することができなくなったとして，同交換業者から日本円による補償金の支払を受けました。この補償金の額は，預けていた暗号資産の保有数量に対して，返還できなくなった時点での価額等を基に算出した1単位当たりの暗号資産の価額を乗じた金額となっています。この補償金は，損害賠償金として非課税所得に該当しますか。

A

非課税所得にはならないと解されています。

一定の保険金や損害賠償金は，所得税法上，非課税所得となります（所法9①十八，所令30，94）。しかしながら，この事例のような補償金の取扱いについて，国税庁タックスアンサーNo.1525「暗号資産交換業者から暗号資産に代えて金銭の補償を受けた場合」は，次のとおり，一般的には非課税所得に該当せず，雑所得として課税の対象になると回答し

ています。

> 　一般的に，損害賠償金として支払われる金銭であっても，本来所得となるべきものまたは得べかりし利益を喪失した場合にこれが賠償されるときは，非課税にならないものとされています。
> 　ご質問の課税関係については，顧客と暗号資産交換業者の契約内容やその補償金の性質などを総合勘案して判断することになりますが，一般的に，顧客から預かった暗号資産を返還できない場合に支払われる補償金は，返還できなくなった暗号資産に代えて支払われる金銭であり，その補償金と同額で暗号資産を売却したことにより金銭を得たのと同一の結果となることから，本来所得となるべきものまたは得られたであろう利益を喪失した部分が含まれているものと考えられます。
> 　したがって，ご質問の補償金は，非課税となる損害賠償金には該当せず，雑所得として課税の対象となります。
> 　なお，補償金の計算の基礎となった1単位当たりの暗号資産の価額がもともとの取得単価よりも低額である場合には，雑所得の金額の計算上，損失が生じることになりますので，その場合には，その損失を他の雑所得の金額と通算することができます。

　この回答とは別に，少し考察をしてみます。この事例の補償金の非課税である損害賠償金該当性は，まずは，「不法行為その他突発的な事故により資産に加えられた損害につき支払を受ける損害賠償金」に当たるかどうかが問題となります（所令30二）。

　暗号資産を預けていた暗号資産交換業者が不正送信被害に遭い，預かった暗号資産を返還することができなくなったことからすれば，不法行為その他突発的な事故を原因として損害が発生したといえると考えま

す。

　ただし，交換業者自体は不正送信の加害者ではなく被害者です。このことが，納税者における損害の原因の評価にどのような影響を与えるか，交換業者の落ち度が大きい場合に損害の原因の評価にどのような影響を与えるか，交換業者の債務不履行として捉える場合に「不法行為その他突発的な事故」に基因するものといえるかといった点について，もう少し検討する余地はありそうです。

　次に，所得税法施行令94条に定める各種の要件に該当するか否かを検討することになりますが，複雑な議論が伴うため，この辺りの処理は**税理士に要相談**です。

　なお，個人が詐欺やハッキングによる盗難等により，ウォレットで管理していた暗号資産を失った場合に，雑損控除（所法72）の適用や損失としての必要経費算入（所法51）があり得るかも問題となります。

　詐欺については雑損控除の適用はないと一般に解されていますが，損失としての必要経費算入の検討も必要になるため，**税理士に要相談**です。詐欺やハッキングによる盗難等による損失について，法人税法では基本的に損失として計上することが認められますが，同時に損害賠償金に係る収益を計上する必要があるかを検討することになります（法法22②③）。

【参考】タックスアンサー No.1525「暗号資産交換業者から暗号資産に代えて金銭の補償を受けた場合」

事例25　暗号資産と国外転出時課税の適用

Q　含み益のある暗号資産を保有していますが，日本の暗号資産の税率は高いため，海外に移住する予定です。この場合，国外転出時課税の適用はありますか。

A

　暗号資産そのものは国外転出時課税の適用対象ではありません。ただし，未決済の暗号資産デリバティブ取引は適用対象に含まれる可能性があるため注意が必要です。

　国外転出（国内に住所及び居所を有しないこととなること）をする時点で，1億円以上の有価証券等，未決済信用取引等又は未決済デリバティブ取引（対象資産）を所有又は契約の締結をしている場合には，一定の居住者に対して，国外転出の時に，対象資産の譲渡又は決済があったものとみなして，対象資産の含み益に対して所得税が課税されます。これを国外転出時課税と呼んでいます。

　国外転出時課税の対象者は，次の①及び②のいずれにも該当する者です。

①　国外転出の時に譲渡又は決済している対象資産の価額等（未決済信用取引等又は未決済デリバティブ取引については，決済をしたものとみなして算出した利益の額又は損失の額に相当する金額）の合計額が1億円以上であること
②　原則として，国外転出をする日前10年以内において，国内に住所又は居所を有していた期間の合計が5年を超えていること

　国外転出時課税の対象資産には，有価証券（株式や投資信託など。ただし，一定のものを除く），匿名組合契約の出資の持分，未決済の信用取引・発行日取引及び未決済のデリバティブ取引（先物取引，オプション取引など）が該当しますが，現時点では，暗号資産そのものはこれに含まれていません。

　また，一定の居住者が国外転出をしていないものの，贈与，相続又は

遺贈により非居住者に対象資産が移転した場合にも，その時に対象資産を譲渡等したものとみなして，対象資産の含み益に対して所得税が課税されます。これを国外転出（贈与・相続）時課税と呼んでおり，国外転出時課税と併せて国外転出時課税制度と呼んでいます（所法60の2，60の3等）。

【参考】タックスアンサー No.1478「国外転出をする場合の譲渡所得等の特例」

事例26　暗号資産 FX で損益が出た場合

Q 次の取引を行った場合に，所得金額の計算はどうなりますか。
1．2022年2月1日に FX 取引で，売りポジションを決済し，0.001BTC（1 BTC ＝400万円）の利益を確定させた。
2．2022年3月1日に FX 取引で，買いポジションを決済し，0.002BTC（1 BTC ＝500万円）の損失を確定させた。
※手数料については省略。

A

上記のような場合，2022年2月1日の売りポジション決済による0.001BTC の利益確定は，0.001BTC ×400万円＝4,000円の収入金額になります。また，2022年3月1日の買いポジション決済による0.002BTC の損失確定は，△0.002BTC ×500万円＝△10,000円が損失金額になります。現物取引ではない差金決済取引ならではの処理です。

暗号資産 FX（暗号資産の証拠金取引）の差金決済による所得は，現

物の暗号資産の取引によって得た所得とは異なりますが，原則として現物の暗号資産の取引によって得た所得と同様に雑所得になると考えられています。本来のFX（外国為替証拠金取引）の差金決済による所得については，国内取引所を利用している場合，他の所得と区分し，分離課税（復興特別所得税を除けば，所得税15％＋地方税５％の税率）され，損失があればその繰越控除（損失を翌年以後３年内の各年分の利益と相殺させることができる制度）の適用があります（措法41の14，15）。他方，暗号資産FXについては，分離課税や損失の繰越控除の適用はありません。

ただし，雑所得同士は，損益を通算させることができるため，暗号資産FXの損益を，通常の暗号資産の取引で生じた損益と合算できます。

【参考】FAQ29頁

> Column　レバレッジトークン
>
> 　一部のCEX・DEXではレバレッジトークンというレバレッジを効かせた（例えばBTCに対してレバレッジ３倍とするトークンの場合，BTCが１％値上がりすると，レバレッジトークンは３％値上がりします）トークンがあります。レバレッジトークンは，現物取引でありながらFX取引のように**レバレッジを効かせた取引が可能**です。またFXと異なり，証拠金不要かつ強制決済（ロスカット）もないという特徴があります。ただし，取引所の都合などで急激に交換レートが下がり，**思っていたよりも利益が出なかった**といった報告も聞きます。
>
> 　レバレッジトークンを取り扱う取引所にバイナンスという海外CEXがありますが，バイナンスにおけるレバレッジトークンの解説には「従来のレバレッジETFと類似した性質を持つ金融デ

リバティブです。」とあります。

　このレバレッジトークンが暗号資産に該当するか否かについては議論の余地がありますが，いずれにせよ雑所得に該当する可能性があり，この場合，暗号資産の損益と損益通算が可能であること，レバレッジトークンの取引履歴が暗号資産の取引履歴と混ざって出力されることなどから，実務上は暗号資産の計算に混ぜて計算しているところが多いようです。

暗号資産関係

相続税

事例27　秘密鍵の紛失と相続税

Q 私（相続人）は，被相続人である故人が多額の暗号資産を保有していたことを承知しており，故人のウォレットに多額の暗号資産が保管されていることを把握しました。しかし，暗号資産が保管されているウォレットの秘密鍵（ウォレットアプリのパスワード）は見つかっていません。このような状況でも，私は，故人の相続財産に暗号資産を含めて，相続税の計算をしなければならないのでしょうか。

A

　原則的には，故人の相続財産に上記暗号資産を含めて，相続税の計算をしなければなりません。

　相続税の課税価格は取得した財産の価額で主に構成されており，この場合の財産の価額はその取得の時における時価，すなわち客観的交換価値になります（相法11，11の２，21，21の２，22）。一般に市場を通じて不特定多数の当事者間における自由な取引により市場価格が形成されている場合には，これを時価としてよいと考えますが，市場がない場合には，他の方法で合理的に計算することになるでしょう。

　活発な市場がある暗号資産については，容易に相続時の時価評価をすることができますが，秘密鍵（パスワード）を知らない場合には，ウォレットに保管されている故人の暗号資産を売却・換金することはできないので問題になります。

　この点について，平成30（2018）年３月23日の参議院財政金融委員会において，当時，国税庁次長であった藤井健志氏は次のように答弁しています。

> 　仮想通貨の相続時の課税関係についてでございますが，相続税法では，個人が金銭に見積もることができる経済的価値のある財産を相続又は遺贈により取得した場合には，相続税の課税対象となるとされております。仮想通貨については，資金決済に関する法律上，代価の弁済のために不特定の者に対して使用することができる財産的価値と規定されておりますので，相続税が課税されることになるわけでございます。
> 　そして，パスワードとの関係でございますが，一般論として申し

> 上げますと，相続人が被相続人の設定したパスワードを知らない場合であっても相続人は被相続人の保有していた仮想通貨を承継することになりますので，その仮想通貨は相続税の課税対象となるという解釈でございます。

「一般論」と述べているので，個別の事例によっては，相続税が課されないこともあり得るのかという疑問も出てきます。また，藤井氏は次のように続けています。

> 仮想通貨に関連いたしますビジネスがまだ初期段階なんだと思います。そういう意味で，仮想通貨に係る制度整備は途上ではないかと考えられますので，現状においてなかなか確たることを申し上げるのが難しいということはございますけれども，パスワードを知っている，知っていないというようなパスワードの把握の有無というのは，当事者にしか分からない，言わば主観の問題ということになってしまいます。課税当局，私どもとしては，本当のことをおっしゃっているのかどうか，その真偽を判定することは困難だと思っております。
> したがって，現時点において，相続人の方からパスワードを知らないという主張があった場合でも，相続税の課税対象となる財産に該当しないというふうに解することは課税の公平の観点から問題があり，適当ではないというふうに考えております。

この答弁を見る限り，実際に秘密鍵（パスワード）を把握できず，相続財産である暗号資産を処分することができないとしても，これを含め

【参考】残高証明書等を活用した暗号資産残高に係る相続税申告手続

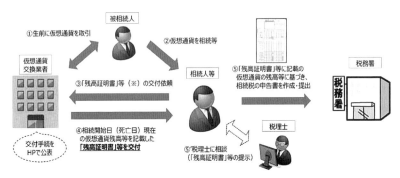

（※）　「残高証明書」等には，被相続人の生前の取引履歴に関する「取引明細書」も含む
（出典）　国税庁HP
　　　　　（https://www.nta.go.jp/information/release/kokuzeicho/2018/faq/pdf/03.pdf）

て相続税の申告を行う必要があるということになります。

　しかしながら，相続税は，相続又は遺贈により，財産を「取得」した場合に，納める義務が生じますし，相続税の課税価格は相続又は遺贈により「取得」した財産の合計額です（相法1の3，11の2）。ハードルは高そうですが，暗号資産自体は相続財産であったとしても，実際に秘密鍵（パスワード）がわからず，管理・処分することができない以上，**これを「取得」していない**と主張して，争うことも考えられるでしょう。

　秘密鍵（パスワード）を知らない場合に，ウォレットアドレスがわかれば，一応，その中身の暗号資産の数量を推計する手段はありますし，取引所からウォレットへの送金履歴や被相続人作成の手控え等からウォレットに保管されている暗号資産の種類や金額を一定程度推測することも可能でしょう。しかしながら，結局，信頼性のある保有金額を把握で

きるのかという問題は残ります。

なお，被相続人が暗号資産交換業者を利用して暗号資産を保有していた場合には，各業者が定める手続を確認したうえで，残高証明書等を活用した暗号資産残高に係る相続税申告手続を進めることも有効です。

事例28 相続財産を譲渡した場合の取得費の特例の適用

Q 相続により暗号資産を取得し，その直後に売却して利益が出たため，その所得を雑所得として申告する予定です。この場合，相続財産を3年以内に譲渡した場合に相続税額のうち一定金額を譲渡資産の取得費に加算することができる特例を適用できますか。

A

この問題は，厳密にいえば所得税法における相続税の取扱いの問題です。相続により取得した不動産や株式等を相続税の申告期限の翌日以後3年を経過する日までに譲渡した場合に，これに係る相続税額のうち一定金額を譲渡資産の取得費に加算することができる特例（措法39）は，所得税法33条3項の譲渡所得に係る取得費の特例であり，雑所得の計算の際に適用することはできません。

この問題について，平成30（2018）年3月23日の参議院財政金融委員会において，当時，財務省主税局長であった星野次彦氏は次のように答弁しています。

> 譲渡所得のその計算におきましては，相続税の課税対象となった資産を相続税の申告期限後3年以内に譲渡した場合には，その資産に掛かる相続税額を当該資産の取得費に加算して譲渡所得の計算上控除することができるという特例が設けられております。
> 　仮想通貨の取引による所得についてこういった特例を設けるかどうかということになるわけですけれども，これもこれまで議論されておりますが，土地や株式の譲渡による所得は原則譲渡所得に区分されるわけでございますけれども，仮想通貨の譲渡による所得は原則雑所得に区分されるものでございまして，性質が異なっているということ。それから，雑所得はほかのいずれの所得にも該当しない所得ということで様々な内容の所得が含まれ得ることになりますので，どういった考え方に基づいて雑所得の計算上相続税額を控除するのか，そこの筋道立った整理がなかなか難しいことといった課題がございまして，慎重な検討が必要であると考えております。

　なお，相続により取得した暗号資産を譲渡した場合の取得価額については，「**事例18　暗号資産の取得価額（相続人に対する死因贈与，相続，包括遺贈又は相続人に対する特定遺贈により取得したケース）**」参照。

暗号資産関係

法定調書

> **事例29　財産債務調書への記載**
>
> **Q** 国内外の暗号資産取引所や個人で管理するウォレットに暗号資産を保有しています。暗号資産は財産債務調書（177頁参照）への記載の対象になりますか。

A

　12月31日に保有する暗号資産は財産債務調書への記載が必要になります。

　財産債務調書制度の概要を説明します。同制度は，所得税及び復興特別所得税（所得税等）の確定申告書を提出しなければならない者又は一定の所得税の還付申告書を提出することができる者が，その年の総所得金額及び山林所得金額の合計額が2,000万円を超え，かつ，その年の12月31日において価額の合計額が「3億円以上の財産」又は「価額の合計額が1億円以上である国外転出特例対象財産（所得税法60条の2又は60条の3の国外転出時課税制度の対象となる財産）」（同制度については，「事例25　暗号資産と国外転出時課税の適用」参照）を有する場合に，その者が同日において有する財産の種類，数量及び価額並びに債務の金額などを記載した財産債務調書を，翌年の3月15日までに所得税の納税地の所轄税務署長に提出する制度です（国外送金等調書法6の2①本

文)。

　暗号資産は，財産の区分のうち，「その他の財産」に該当するため，財産債務調書には，暗号資産の種類別（ビットコイン等），用途別及び所在別に記載することとされています。暗号資産を預けている暗号資産取引所の所在が国内か国外かについては，財産債務調書への記載の要否に影響はありません。暗号資産の所在については，その財産を有する者の住所（住所を有しない者にあっては，居所）の所在となります（国外送金等調書令12の2⑧，国外送金等調書規則12③六，15，別表第三）。

　なお，財産債務調書制度においては，適正な提出を確保するために，財産債務調書の提出がある場合の過少申告加算税等の軽減措置と財産債務調書の提出がない場合等の過少申告加算税等の加重措置が講じられています（国外送金等調書法6，6の3）。

【参考】タックスアンサー No.7457「財産債務調書の提出義務」

事例30　財産債務調書への暗号資産の価額の記載方法

Q　事例29の場合の，財産債務調書への暗号資産の価額の記載方法を教えてください。

暗号資産関係：法定調書

（出典） 国税庁HP（https://www.nta.go.jp/taxes/tetsuzuki/shinsei/annai/hotei/pdf/291025_05.pdf）
※様式は2022年7月末時点のものです。

177

A

　事例29における財産債務調書への暗号資産の価額の記載方法は次のとおりです（国外送金等調書法6の2④，国外送金等調書令12の2②，国外送金等調書規則12⑤，15④，FAQ43頁）。

　暗号資産の価額については，「活発な市場が存在する」場合には，活発な取引が行われることによって一定の相場が成立し，客観的な交換価値が明らかとなっていることから，財産債務調書を提出する者が取引を行っている「暗号資産交換業者が公表するその年の12月31日における取引価格」を時価として記載します。

　上記の「活発な市場が存在する」場合とは，暗号資産取引所又は暗号資産販売所において十分な数量及び頻度で取引が行われており，継続的に価格情報が提供されている場合をいうものとされています。

　「暗号資産交換業者が公表するその年の12月31日における取引価格」には，暗号資産交換業者が財産債務調書を提出する者の求めに応じて提供する残高証明書に記載された取引価格を含みます。暗号資産交換業者（暗号資産販売所）において，購入価格と売却価格がそれぞれ公表されている場合には，財産債務調書を提出する者が暗号資産を暗号資産交換業者に売却する価格（売却価格）を記載して差し支えないものとされています。

　財産債務調書を提出する者が複数の暗号資産交換業者で取引を行っている場合には，その者の選択した暗号資産交換業者が公表するその年の12月31日における取引価格によって記載して差し支えないとされています。

　また，財産債務調書に記載する財産の価額は，その財産の時価による算定が困難な場合には，その年の12月31日における暗号資産の状況に応じ，その暗号資産の取得価額や売買実例価額などを基に，合理的な方法

により算定した価額を見積価額として記載して差し支えないとされています。暗号資産の見積価額は，例えば，次のような方法により算定された価額をいいます。

① その年の12月31日における売買実例価額。ただし，同日における売買実例価額がない場合には，同日前の日のうち同日に最も近い日におけるその年中の売買実例価額のうち，適正と認められる売買実例価額
② 上記①による価額がない場合には，その年の翌年１月１日から財産債務調書の提出期限までにその暗号資産を譲渡した場合における譲渡価額
③ 上記①及び②がない場合には，取得価額

事例31　国外財産調書への記載

Q 国外の暗号資産取引所に暗号資産を保有しています。私自身は日本に住んでいますが，暗号資産は国外財産調書（180頁参照）への記載の対象になりますか。

第2部　事例解説編

(出典)　国税庁HP（https://www.nta.go.jp/taxes/tetsuzuki/shinsei/annai/hotei/pdf/291025_01.pdf）
※様式は2022年7月末時点のものです。

A

　国外の暗号資産取引所で保有する暗号資産については，国外財産調書への記載の対象にはなりません。

　国外財産調書制度の概要を説明します。同制度によれば，居住者（国内に住所を有し，又は現在まで引き続いて１年以上居所を有する個人をいい，非永住者を除く）で，その年の12月31日において，その価額の合計額が5,000万円を超える国外財産を有する者は，その国外財産の種類，数量及び価額その他必要な事項を記載した国外財産調書を，その年の翌年の３月15日までに，住所地等の所轄税務署長に提出しなければなりません。

　国外財産とは，「国外にある財産をいう」とされ，「国外にある」かどうかの判定は，財産の種類ごとに，その年の12月31日の現況で行います。暗号資産は，財産を有する者の住所（住所を有しない者にあっては，居所）の所在により「国外にある」かどうかを判定する財産に該当します。

　したがって，居住者が国外の暗号資産取引所に保有する暗号資産は，「国外にある財産」とはなりませんので，国外財産調書への記載の対象にはなりません（国外送金等調書法５，国外送金等調書令10，国外送金等調書規則12③六，FAQ44頁）。

　【参考】　FAQ44頁，タックスアンサー No.1478「国外転出をする場合の譲渡所得等の特例」

NFT 関係

事例32 NFT の譲渡と所得区分

Q NFT の譲渡による所得は，所得税法上，所得になりますか。

A

　NFT の譲渡による所得は，所得税法上，**譲渡所得，事業所得又は雑所得**のいずれかに該当します。いずれに該当するかは，第1部29頁「**譲渡所得，事業所得，雑所得の分かれ道**」及び74頁「**NFT・FT に関する国税庁タックスアンサー**」の解説を参考として，判断します。

　譲渡した NFT が譲渡所得の基因となる資産に該当する場合は譲渡所得になりますが，棚卸資産等の譲渡は譲渡所得から除かれているため（所法33②），アーティストやクリエイター，NFT 販売業者の方は，雑所得又は事業所得に該当することが通常です。

　ただし，アーティストやクリエイターが自身のデジタル作品（イラストなど）を NFT 化して，発行・譲渡する場合，そもそもこれは譲渡ではなくて権利の設定（著作物の利用許諾等に係る権利の設定など）であるという考え方があり，ここから譲渡所得該当性を否定する見解もあり得ます。個別の状況にもよりますが，2次流通の段階で，一般の個人の方が NFT を売買しているケースは，**譲渡所得**になることもめずらしくないでしょう。

NFT関係

事例33　NFTの譲渡（売却）・二次流通のロイヤリティ収入

Q　次の取引を行った場合に，所得金額の計算はどうなりますか

2022年4月1日にNFTを0.1ETH（時価：1ETH＝40万円）で売却した。なお，NFTは2022年2月1日に0.05ETH（時価：1ETH＝30万円）で購入したものである。

※手数料については省略。

A

次のとおり，所得金額の計算を行います。

【NFTを売却した場合の所得金額】

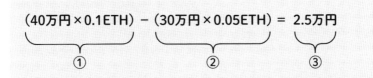

(40万円×0.1ETH) − (30万円×0.05ETH) ＝ 2.5万円
　　　①　　　　　　　　②　　　　　　　③

①収入金額：4万円

　NFTの売却取引に係る収入金額は，原則として，譲渡価額（売却価額）です（所法36）。この事例の場合，1ETHの時価が40万円の時に0.1ETHでNFTを売却しているため，「40万円×0.1ETH＝4万円」で譲渡価額が算出されます。売却代金を暗号資産ではなく日本円で受け取った場合は，その受け取った金額（ドルなどの外国通貨で受け取った場合は日本円換算した金額。所法57の3，所基通57の3−2等）を用いることとなります。

183

②譲渡原価：1万5,000円

譲渡原価の基礎となるNFTの取得価額は「30万円×0.05ETH＝1.5万円」となります。取得価額については「**事例34　NFTの取得価額（NFTを暗号資産等で購入）**」参照。

③所得金額：2万5,000円

①の収入金額4万円から②の譲渡原価1.5万円を控除することで，所得金額2.5万円が算出されます。

NFTの譲渡による所得は，譲渡所得に該当する場合もあれば，雑所得や事業所得に該当する場合もあるので注意が必要です。特に譲渡所得の場合は特別控除や課税の対象が2分の1となる優遇があるので慎重な判断が求められます。所得税法上の所得区分については「**事例32　NFTの譲渡と所得区分**」参照。

なお，クリエイターが自身で製作したNFTアートを売却するケースにおいて，作品をNFT化（mint）して出品しただけでは課税イベントにはなりません。製作費用等の必要経費については，所得計算上，控除できますが，いつの年分で控除すべきなのかは別途検討する必要があります（所法37等）。

また，NFTクリエイターが自分の作品をNFT化したものを販売（一次流通）したあと，その購入者がさらに他の人に売却した場合（二次流通）に，**ロイヤリティ**（NFTクリエイターが事前に設定可能。OpenSeaの場合は最大10％まで）がNFTクリエイターに暗号資産で支払われます。

この場合，その支払われた暗号資産の取得時点の時価が**全額利益として計上されることとなります**（計算方法は**事例10「エアドロップ・giveawayで暗号資産を受領」**を参照）。

事例34　NFTの取得価額
（NFTを暗号資産等で購入）

Q 次の取引を行った場合に，NFTの取得価額の計算はどうなりますか。

2022年2月1日にNFTを0.05ETH（時価：1ETH＝30万円）で購入した。

※手数料については省略。

A

次のとおり，所得金額の計算を行います。

【NFTを暗号資産で購入した場合の取得価額】

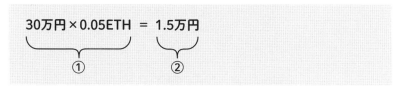

① 取得時点の時価：1万5,000円
② 取得価額：1万5,000円

NFTは，暗号資産と異なり，代替性がなく唯一無二の存在であることを前提とするならば，1単位当たりの取得価額を算定する際に，総平均法や移動平均法ではなく**個別に取得価額を算定することに合理性が**あります。

仮に，棚卸資産に該当するNFTとして総平均法を選択するとしても，種類等を同じくするものがないので，結果的には個別に取得価額を算定

することになる可能性もあるでしょう（所法47，所令99）。この事例の場合は，1ETHの時価が30万円の時に0.05ETHでNFTを購入しているため，「30万円×0.05ETH＝1.5万円」で取得価額が算出されます。当然のことですが，NFTを購入するために暗号資産を支払っているところ，これ自体が課税イベントとなりますので注意が必要です。

よくある質問として「NFTの購入代金は経費になりますか？」というものがありますが，基本的に，即時に必要経費に算入できるケースは少なく，NFTを売却した際の原価として必要経費に算入することになるケースが多いと考えています。

NFTの購入代金や手数料など取得に要した支出金額は取得価額に算入すると解されます。この場合，NFTを**棚卸資産又はこれに準ずる資産**としてこれらのルールを適用することが可能か（所令103，所基通47-17），**非減価償却資産**として減価償却資産に準じたルールを適用することが可能か（所令126）という点について国税庁は明確な見解を示していませんが，ケースバイケースによるのではないかと考えます。

事例35　時価のないNFTをエアドロップ・giveawayで取得

Q 次の取引を行った場合に，所得金額の計算はどうなりますか。

2022年2月1日にBCGアイテムをゲーム運営会社からエアドロップにより無償で取得した。なお，BCGアイテムは2022年2月1日時点で価値があるものではなかった。

※手数料については省略。

A

　NFTを無償で取得した場合の収入金額は，原則として取得時点の価額（時価）です（所法36）。この事例では，BCGアイテムのNFTをエアドロップで取得した時点では，そのBCGアイテムは時価がない（時価はゼロ円である，価値のあるものではない）ということが前提とされているため，**所得は発生しません**。もっとも，BCGアイテムの時価をどのように考えるべきなのかという問題は残っています。

　それでは，その後にBCGアイテムが市場で売られるようになり，**時価がついた時点でこれを譲渡**したときの処理はどうなるのでしょうか。

　例えば，2022年4月1日にBCGアイテムを0.1ETH（時価：1ETH＝40万円）で売却した場合，1ETHの時価が40万円の時に0.1ETHでNFTを売却しているため，「40万円×0.1ETH＝4万円」で譲渡価額が算出されます。この場合，2022年2月1日時点で時価がなく取得価額はゼロ円となり，譲渡価額から控除する金額がないため，実際に得た収入4万円がそのまま所得金額となります。

　このように，時価のないNFTを無償で取得した場合，取得価額がゼロ円なので，最初は得したように感じますが，NFTを譲渡した時点で譲渡価額がそのまま所得として計上されることとなり，長い目で見れば所得金額は同じになります。

事例36　**時価のあるNFTをエアドロップ・giveawayで取得**

Q　次の取引を行った場合に，所得金額の計算はどうなりますか。

2022年2月1日にNFTのBCGアイテムをゲーム運営会社

からエアドロップにより無償で取得した。なお，BCGアイテムは類似NFTの直近の取引価額を参照し，2022年2月1日時点で0.05ETH（時価：1ETH＝30万円）の時価があったものとしている。

※手数料については省略。

A

次のとおり，所得金額の計算を行います。

【時価のあるNFTをエアドロップ・giveawayされた場合の所得金額】

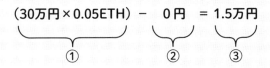

（30万円×0.05ETH） － 0円 ＝ 1.5万円
　　　　①　　　　　　②　　　　③

①収入金額：1万5,000円

NFTを無償で取得した場合の収入金額は，原則として取得時点の価額（時価）です（所法36）。この事例の場合，取得時点のNFTの時価である1.5万円が収入金額となります。

②譲渡原価：0円

この場合，譲渡したNFTがないためゼロ円で処理します。

③所得金額：1万5,000円

②の譲渡原価はないため，①の収入金額が所得金額として計上されます。この事例では，所得金額は1.5万円になります。所得区分としては，通常，一時所得又は雑所得が候補に挙がります。一時所得に該当すれば，最大50万円の特別控除の適用があるため，結局，所得はゼロとなる可能

性もあります。

　なお，このBCGアイテムを0.1ETH（時価：1ETH＝40万円）で売却した場合，所得金額は2.5万円です。エアドロップを受けた時の上記1.5万円の所得と合算すると4万円の所得になります。これは「**事例35 時価のないNFTをエアドロップ・giveawayで取得**」で計算した所得4万円と同額になります。**両事例は長い目で見れば所得金額が同じになります**。

事例37　NFTの時価

Q　NFTの価格が高額であるのは一種のバブルであり，実際の時価は誰もわからないため，NFTの時価はゼロであるとして税務処理を進めてよいですか。

A

　NFTには時価がないと安易に税務処理することにはリスクが伴います。

　NFTの価値がどこにあるのかという点については様々な議論がありますが，基本的には，その時価は，NFTのマーケットプレイス等での提示価格・実際に販売された価格や，同じ製作者の類似のNFTの提示価格・実際に販売された価格に基づいて，算定されることになるのではないかと考えます。また，NFTに紐付けられた資産や権利の内容，そのNFTの実際の販売状況，2次流通の状況，原価，購入価格やその後の販売価格も参考になります。

　ただし，販売実績のない者が作成したNFTやコミュニティへの参加

権などが付着している NFT など，NFT の時価評価の問題は山積みです。

　NFT を譲り受けた相手方がその直後に高い価格で譲渡している場合には，贈与や低額譲渡の問題が浮上します。NFT の市場が整備され，実際に多くの NFT が取引されていること，NFT の移転を通じて，他者に利益（所得）を移転することも可能であることも考慮すると，NFT には時価がないと安易に処理することにはリスクが伴います。

事例38　NFT を消費し，何らかのサービスを受けた場合

Q　次の取引を行った場合に，必要経費の計算はどうなりますか。なお，キャラクターの操作時間を延ばすサービスの時価は不明です。

　2022年2月1日に，より効率よく収益を稼ぐために BCG アイテムを消費して，キャラクターの操作時間を延ばすサービスを受けた。なお，BCG アイテムは2021年11月1日時点で 0.001ETH（時価：1 ETH ＝50万円）で取得したものである。

　※手数料については省略。

A

　次のとおり，必要経費の額を計算します。

【NFTを消費し，何らかのサービスを受けた場合の必要経費額】

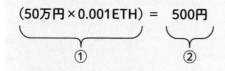

①消費した NFT の消費時点の時価（ここでは便宜的にその NFT の取得価額）：500円
②必要経費計上額：500円

　最近の BCG の中には，獲得した BCG アイテムやキャラクターを消費することにより，別のアイテムを入手できる仕組みや，ゲームのプレイに対して何らかのサービスを受けることができる仕組みが用意されているものがあります。

　このような場合，消費した NFT の消費時点の時価を算定し（かつ，その時価とその NFT の取得価額との差額を損益として認識し），これをもって必要経費の額とすべきであるかもしれませんが，この事例のようなキャラクターの操作時間の延長というサービスの時価を算定することや消費した NFT の消費時点の時価を把握するのが難しいため，実務上，消費した NFT の取得価額（取得に際し，支払った対価の額）を必要経費額として計上するという簡便的な処理をすることが多いようです。

　なお，BCG アイテムの使用が，使用時に直ちに必要経費として認められるか否かについては個別具体的な判断が求められますが，この事例については経費として認められる場合を前提としています。

事例39　NFTの無償提供等
（giveaway・廃品回収サービスの利用）

Q 自分で製作したイラスト画像をNFT化して販売し，Twitterで広告宣伝のためのツイートをしています。このNFT宣伝ツイートをリツイートするなど一定の条件を満たした方の中から抽選でNFTをgiveaway（無償提供）しています。暗号資産や棚卸資産を贈与すると，贈与した個人は，時価で収益を計上する必要があると聞きましたが，NFTをgiveaway（無償提供）する場合も同様に時価で収益を計上する必要があるのでしょうか。

A

　個人であるNFTクリエイターが自分の制作した作品のNFTをgiveaway（無償提供）する場合，基本的には**時価で収益を計上する必要はない**と考えます。

　個人が棚卸資産，これに準ずる資産又は暗号資産を贈与（相続人に対する死因贈与を除きます）又は一定の遺贈をした場合には，基本的に，その時におけるその資産の価額（時価，通常販売価額）が収入金額に算入されます（所法40①）。

　この場合には，実務上，上記資産の取得価額以上，かつ，上記資産の価額のおおむね70％以上の金額で帳簿に記載し，これを事業所得の金額の計算上総収入金額に算入することも認められています（所基通39-2）。暗号資産の贈与について，「事例13　暗号資産を無償で譲渡（贈与，giveaway，寄附）」参照。

　例えば，クリエイターが自身で制作したイラストやアートなどのデジ

タル作品を NFT 化して，発行・譲渡するものの著作権の譲渡まではしない場合には，デジタル作品を譲渡しているというよりも**権利の設定（著作物の利用許諾等に係る権利の設定など）**を行ったものであり，クリエイターは棚卸資産の販売をしているわけではないという見方がありえます。そうすると，NFT の giveaway（無償提供）は**棚卸資産等の贈与には該当しない**という見解につながり，これが認められるならば上記の規定の適用はないことになります。

ただし，ブロックチェーン上を移転するトークンとしての NFT そのものに着目するなどして，棚卸資産等の贈与を行っているという見方が出てくる可能性も考えられます。この場合には，上記の規定の適用があり得るということになります。この場合において，クリエイターの作品に時価がついていないような場合には収入金額を計上する必要はないと考えますが，クリエイターの作品が常に高額で取引されている場合には，上記の規定の適用があるべきだという見方が出てくることが予想されます。NFT の制作費等については，広告宣伝費や販売促進費の性質を有する必要経費として認められる可能性があります（所法37）。

なお，NFT の譲渡による所得が譲渡所得に該当するケースにおいて，個人が法人に対して，NFT を贈与した場合又は譲渡時の時価の２分の１に満たない金額で譲渡した場合は，その時の時価相当額による譲渡があったものとみなして，収入金額を計算します（所法59，所令169）。

この取扱いは譲渡の相手方が法人である場合に限られるのですが，いわば，取引に際し，NFT の譲渡の相手方が法人であるのか，個人であるのかという点について確認することを要請するものといえる点に注意が必要です。現時点では，当事者にこのような要請をすることは，実務上，難しいかもしれません。

なお，NFT の譲渡による所得が譲渡所得に該当するケースにおいて，個人が他の個人に対して，NFT を時価の２分の１に満たない金額で譲

渡した場合の譲渡損はなかったものとみなされるため，注意が必要です（所法59②）。

　NFTを廃品回収サービスに出して譲渡損失を計上する場合には，上記の所得税法40条や59条等の適用を検討する必要があります（「**事例15　暗号資産の廃品回収サービスの利用**」参照）。

　いずれにせよ，予想外の課税を受けるリスクを減らすために，ケースに応じて税理士に相談しましょう。

　なお，法人がNFTをgiveawayする場合には，その取引が無償による資産の譲渡であろうが，無償による役務の提供であろうが，時価で収益を計上することになりますが（法法22②，22の2④），そもそもそのNFTに時価（経済的価値）が認められるか，広告宣伝費や販売促進費として単純損金（法法22③）であることが認められて結局，所得金額は算出されない（課税されない）ことになるか，寄附金（法法37）や交際費（措法61の4）として課税されるかという点を個別の事情に即して検討することになります。第1部40頁「**無償取引や収益の計上額**」，「**事例37　NFTの時価**」参照。

事例40　NFT同士の交換

Q　次の取引を行った場合に，甲の所得金額の計算及び乙の所得金額の計算はどうなりますか。

　2022年5月1日に甲は自己が所有するNFTアートAを，乙の保有するNFTアートBと交換した。NFTアートAは，甲が2021年12月1日にエアドロップにより無償で取得したものであり，NFTアートBは乙が，2022年2月1日時点で0.05ETH（時価：1ETH＝30万円）で取得したものだった。

※手数料については省略。

A

次のとおり，甲と乙の損益計算を行います。

【NFT同士を交換した場合の所得金額】
- NFTアートAを保有していた甲の所得金額

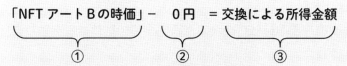

- NFTアートBを保有していた乙の所得金額

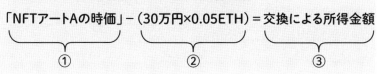

①収入金額

この場合，実務上，NFTアートAとNFTアートBの時価は等価であることを前提として処理することが多いです。よって，どちらかの時価が判明していれば，その時価を双方の収入金額とすることになりますし，便宜上，どちらかのNFTアートの取得価額を用いる場合もあります。もちろん，時価がない場合には①の金額はゼロ円となります。

②譲渡原価

「事例33　NFTの譲渡（売却）・二次流通のロイヤリティ」，「事例34　NFTの取得価額（NFTを暗号資産等で購入）」をご参照ください。

③所得金額

①の収入金額から②の譲渡原価を控除することで，所得金額が算出されます。仮に，NFTアートA，Bの時価が10万円ならば，甲は10万円の所得を得たことになりますし，乙は8.5万円の所得を得たことになります。時価がゼロ円の場合，甲は所得もゼロですし，乙は1.5万円の損失が生じたことになります。

事例41　NFTを新たに発行（mint）

Q 次の取引を行った場合に，所得金額の計算はどうなりますか。

2022年2月1日に自作のアート作品を，OpenSeaにてNFT化して出品した。
※手数料については省略。

A

クリエイターが自身のデジタル作品（イラストなど）をOpenSea（NFTのオンラインマーケットプレイス）などでNFT化（mint）して出品した時点では，まだ譲渡等がなされていないため，**収入金額が計上されて所得金額が算定されることはありません**。ただし，制作にかかった費用をもって取得価額として資産計上することは考えられます。この場合には，作品ごとに個別に要した費用はその作品の取得価額に計上し，複数の作品に共通して要した費用は作成にかかった時間数を含む合理的な方法により按分することが考えられます。

事例42 　BCGアイテムやキャラクターを新たに作成・発行（mint）

Q 　次の取引を行った場合に，所得金額の計算はどうなりますか。

　2022年4月1日にBCGであるAxie Infinityで0.5AXS（時価：1AXS＝8,000円），900SLP（時価：1SLP＝2.5円）を消費して，ブリード（新しいNFTキャラクターを作成）し，BCGキャラクターを入手した。

　※手数料については省略。

A

　BCGで複数の暗号資産の支払い又はNFTを消費して新たなNFTを生み出した場合の取得価額の計算は次のように行います。

【BCGアイテムやキャラクターを新たに作成・発行した場合の取得価額】

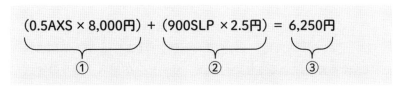

①譲渡した暗号資産の取得価額（AXS）：4,000円

譲渡数量に譲渡時点での1AXS当たりの時価を掛けると4,000円になります。

②譲渡した暗号資産の取得価額（SLP）：2,250円

譲渡数量に譲渡時点での1SLP当たりの時価を掛けると2,250円にな

③作成したNFTの取得価額：6,250円

①と②の合計額6,250円がブリードで手に入れたNFTの取得価額になります。

ブリードという名目になってはいますが，実際は2種類の暗号資産を支払って，新しいNFTを購入しているようなものなので，実務上，2種類の暗号資産の時価を足したものを新たに手に入れたNFTの取得価額とすることが多いようです。ブリードの際に，暗号資産ではなくNFTを消費する場合であれば，上記①や②にNFTの時価を入れることになります。

> | Column | スカラーシップ報酬
>
> BCGの中には，NFTキャラクターの保有者が，他者にこれを貸し出し，そのスカラー（NFTキャラクターを借りた人）にそのNFTキャラクターを使わせてゲームをプレイさせることで暗号資産を稼いでもらい，そのうちの何割かを保有者の取り分（**スカラーシップ報酬**）として受け取ることができるものもあります。
>
> BCGによってスカラーシップ報酬の受取り方が異なるため一概にはいえませんが，スカラーが稼いだ暗号資産が全額振り込まれ，その中からスカラーに対する報酬を支払い（計算方法は**事例5「暗号資産による支払い（商品，サービスの購入，給与の支払い）」を参照**），残った分をスカラーシップ報酬とする場合は，NFTキャラクターを貸し出した人が**スカラーシップ報酬を受け取ったタイミングの時価をもって利益として計上**することになるでしょう（計算方法は**事例10「エアドロップ・giveawayで暗号資産を受領」**を参照）。

NFT 関係

> | Column | STEPN の処理
>
> 　歩いて稼ぐBCGとして人気のSTEPNの税務処理を説明します（STEPN以外の他のBCGにも応用は可能かと思います）。ただし，STEPNの税務処理に関する国税庁の公式見解は明らかになっていませんし，法的にどのような処理が正しいかについてもいまだ議論が未成熟であるため，ここでは，実務で行われている税務処理の一部を紹介します。BCGは随時アップデートされてその仕様が変わることがあることや，所得税や法人税の課税関係のみならず消費税の課税関係を検討する必要があることも踏まえて，実際の税務処理・申告については**税理士にご相談**ください。以下，課税イベントに関係がありそうなものを紹介します。
>
> **1　靴・靴箱を買う**
> 　「**事例34　NFT の取得価額（NFT を暗号資産等で購入）**」を当てはめて，取得価額を算出します。このタイミングで，支払いに充てた暗号資産の課税イベントが発生することに注意してください。
> 　なお，複数足のスニーカーと上位グレードのスニーカー1足を交換する場合は，複数足のスニーカーの取得価額の合計額を1足のスニーカーの取得価額として扱っています。
>
> **2　歩いて暗号資産（GST）をもらう**
> 　「**事例10　エアドロップ・giveawayで暗号資産を受領**」を当てはめて，所得金額を算出します。獲得時点のGSTの時価をそのまま所得金額に反映します。

3　靴を修理する

「事例5　暗号資産による支払い（商品，サービスの購入，給与の支払い）」を当てはめて，必要経費と所得金額を算出します。

支払ったGSTの取得価額と支払時の時価との差額を利益又は損失として計上する一方，修理のために支払ったGSTの支払時の時価を必要経費として計上するという処理が正しいかもしれませんが，時価の記録の煩雑性や結局，収入と必要経費が相殺されることもあって，実務上はGSTの取得価額（簿価）で処理を行うことも多いかと思います。なお，修理に要した金額を修繕費として経費計上すべきか，資本的支出（所令181）とするかについては，その修理代が20万円未満かや，修理の周期が3年以内の周期かなど複数の基準（所基通37-12，37-13）で判定することとなりますが，多くの場合，修繕費として経費計上することになります。

4　mint（靴箱の生成）

GST，GMT，ミントスクロール（NFTアイテム。STEPNにおいて，mintをする際に必要）を支払って，靴箱を取得したと考えるべきであるため，**事例42「BCGアイテムやキャラクターを新たに作成・発行（mint）」**を当てはめて，支払ったGST，GMT，ミントスクロールの時価（ミントスクロールにおいて時価が取得できない場合は，取得価額）で取得価額を算出します。GST，GMT，ミントスクロールの支払い自体が課税イベントとなりますので注意が必要です。例えばmintによって，アンコモンやレアの靴箱又は双子（1回のmintで通常1個しか出ない靴箱が2個出ること）が出た場合はどうなるでしょうか。本来的には，mint時の靴箱の時価（生成された靴箱と同タイプの靴箱の時価）を収入金額とし，そこから支払いに用いたGST，GMT，

ミントスクロールの額を控除した金額が所得として計上されるべきだという考え方があると思います。

しかし，mint時の靴箱の時価を後から調べることが困難であることから，アンコモンやレアの靴箱も支払ったGST，GMT，ミントスクロールの時価を取得価額とし，双子が出た場合は，減価償却資産の処理に準じてGST，GMT，ミントスクロールの時価の1/2の額をそれぞれの靴箱の取得価額とする方法が一般に行われているものと思われます。

ちなみに，1つの靴ごとにmintを行える回数には上限が設定されており，その回数が減るほど，その市場価値は下がることが考えられますが，実務上，資産の評価損にすぎないとして，何ら税務処理はされていないようです。

なお，一般論として，NFTガチャを行ったときの考え方として上記のやり方を当てはめた場合，1回10XRP（1XRP＝100円）の10連ガチャがあった場合は，10個のNFTを入手することになるのですが，この際は，「100円×1XRP＝100円」がそれぞれのNFTの取得価額になります。

5 靴箱を開封する

この場合は，靴箱と靴を交換する形になるので，「**事例40 NFT同士の交換**」を当てはめて所得金額を算出します。開封した靴箱のレアリティよりも上位のレアリティの靴を獲得した場合，「**4 mint（靴箱の生成）**」と同様の論点が発生します。

ただし，こちらも実務上その時価を把握するのが困難であることから，「開封して出てきた靴の時価（**事例40の①に入る金額**）」＝「靴箱の購入価額（**事例40の②に入る金額**）」とすることで損益額はゼロ円として処理することになるかと思います。

6　ミステリーボックス開封までの時間短縮・1日で獲得できるGSTの量の上限解放

　　こちらはGSTやGMTを支払うことで，ミステリーボックス開封までの時間を短くするサービスやGSTマイニングの上限解放をできるようにするサービスを受けていることから，**事例5「暗号資産による支払い（商品，サービスの購入，給与の支払い）」** を当てはめて，必要経費と所得金額を算出します。支払ったGSTやGMTの取得価額と支払時の時価との差額を利益又は損失として計上する一方，修理のために支払ったGSTやGMTの支払時の時価を必要経費として計上するという処理が正しいかもしれませんが，時価の記録の煩雑性や結局，収入と必要経費が相殺されることもあって，実務上はGSTやGMTの取得価額（簿価）で処理を行っています。ただし，いろいろな条件が揃った場合には，消費税の処理に影響を与える可能性があるため注意が必要です。

7　ミステリーボックス開封

　　ミステリーボックスの開封にはGSTが必要です。現在ミステリーボックスを開封して起こる事象は次の3つです。

- 何も手に入らない
- GEMが手に入る
- GSTが手に入る
- ミントスクロールが手に入る

　　ミステリーボックスの開封をした場合，靴の修理の時と同様，「事例5　暗号資産による支払い（商品，サービスの購入，給与の支払い）」を当てはめて，必要経費と所得金額を算出します。

　　なお，開封して出てきたGEM・ミントスクロールの所得金額は，「事例35　時価のないNFTをエアドロップ・giveawayで取

得」を当てはめて計算します。おそらくは所得金額ゼロ円となるのではないでしょうか。GEM と GST を開封時に交換したという考え方もできるのですが，計算ソフトでの対応は困難になる可能性が高く，現時点では，実務上，このような対応をせざるを得ないと考えています。

また開封して出てきた GST はエアドロップとして処理するため，「**事例10　エアドロップ・giveaway で暗号資産を受領**」を当てはめて，所得金額を算出します。

8　GEM 合成

複数の GEM を GST を支払って，合成し，成功するとレベルの高い GEM をもらえるが，失敗すると合成に用いた GEM だけ失うという，GEM 合成の場合は，GEM が NFT である可能性が高いので，失敗の場合は GEM の取得価額および GST の取得原価の分だけ損失計上，成功の場合は NFT 同士の交換になるので，「**事例40　NFT 同士の交換**」を当てはめて所得金額を算出します。

この場合，GEM の合成については，**事例40**を当てはめて，「入手した高レベル GEM の時価（**事例40**の①に入る金額）」＝「合成に用いた GEM の購入価額合計額（**事例40**の②に入る金額）」とすることで損益額はゼロ円として処理することになるかと思います。

9　靴，靴箱，GEM・ミントスクロールの売却

NFT を売却した処理となるため，「**事例33　NFT の譲渡（売却）・二次流通のロイヤリティ収入**」を当てはめて所得金額を算出します。

10　靴のレベルアップ（ブースト含む）・ソケットのアンロック

200頁の「3　靴を修理する」の場合と異なり，レベルアップによって靴自体の価値を上げる支出の税務上の取扱いについては，2つのアプローチがあると考えます。1つ目は，靴を売却用の棚卸資産と考える棚卸資産アプローチ，2つ目は，靴を暗号資産を稼ぐための固定資産として考える固定資産アプローチです。

　棚卸資産アプローチの場合，所得税法37条の規定から考えると，上記支出は，棚卸資産の取得価額に上乗せされることとなり，売却するまでは必要経費には算入されません。

　固定資産アプローチの場合，上記支出について，資本的支出（所令181）に該当し，支出する日の年分の必要経費として計上することはできないのか，それとも，（無形資産に対する修繕費と表現していいのかわかりませんが）資本的支出には該当せず，支出する日の年分の必要経費として計上すべきなのかという問題があります。

　修繕費に関しては，一の計画に基づき同一の固定資産について行う修理，改良等で，そのために要した金額が20万円に満たない場合は，修繕費の額として，支出した年分の必要経費に計上することが認められています（所基通37-12）。レベルアップやソケットのアンロックに要する金額が単一レベルアップで20万円を超えるケースはほとんどないため，この通達を適用できる可能性はありますが，国税庁の公式見解は不明です。

　なお，靴の売却による所得を譲渡所得とした場合，資産の所有期間が5年を超えれば長期譲渡，5年以下であれば短期譲渡となりますが，レベルアップを資本的支出とした場合であっても，所有期間の計算上は，あくまでも靴本体を入手した日を基準として考えることになる可能性があります（参考：措通31・32共－6）。もっとも，ゲームNFTが固定資産（無形資産，非減価償却資産等）に該当するか否かも含めて，国税庁の公式見解は不明です。

ここまで税務上の取扱いを解説してきましたが，実際のところ，靴のレベルアップのために支払ったGSTを計算ソフト上で，それがレベルアップのために支払われたものなのかどうか，また，それがどの靴のレベルアップのために支払われたものかどうかを判別するのは困難であるという技術的な面での限界があります。

11　最終手段

　STEPNの大半の取引はオフチェーン取引であり，かつ2022年8月時点では過去の取引履歴をアプリから出力することができません。そのため，損益計算ソフトなどで取引履歴を読み込むことはできず，基本的に自分でエクセルなどに取引履歴を記録しておかなければ正しい損益計算はできません。

　しかし，STEPNの取引について相談できる税務の専門家が非常に少なく，取引履歴を逐次記録することも個人にとって煩雑な作業であることを勘案すると，おそらくここまで読まれた方で「すでにここに書いてある内容をもとに今までの取引を全部記録しています！」という方は極々一部かと思います。また，オフチェーンで取引されている靴や暗号資産とされるものが，ただのゲームデータとして扱うべきかNFTまたはFTとして扱うべきかという論点もあります（実はCEXも暗号資産・NFTの取引の大半をブロックチェーンに記録せず，内部で処理（オフチェーン取引）している所がほとんどであることとの整合性を考える必要があります）。そのため，ここでSTEPNを例にオフチェーン取引を行った場合の最終手段として検討されている方法について簡単に紹介しておきます。ただし，このやり方は本来の暗号資産・NFTの取得タイミングを無視することとなり，計算に用いる時価も全く違ってしまうため，あまり推奨しません。

①　オフチェーン取引において入金した暗号資産の種類と数量，

日時を把握し，記録する。
② 　年内に STEPN の靴などをすべて売却し，入金時の暗号資産に替えた上で，メタマスク等のウォレットアプリ（取引所よりはウォレットアプリを推奨）に移し，暗号資産の種類と数量，日時を記録する。
③ 　入出金の差額で利益が出ていた場合は，その利益を損益計算ソフトの処理上，無償取得したものとして損益計算する（取引していた期間で日または月ごとに増減した暗号資産の数量を按分して時価を計算することが望ましい）。損失が出ていた場合は，その損失は損益計算ソフトの処理上，②を行った日にすべて０円で売却したものとして損益計算する。

　なお，このやり方をする人が相当数いた場合，年末に靴の相場がかなり下がったり，売れなくなったりする可能性があります。そうなる可能性も踏まえて確実に処理したい場合は，早めに売却しておきましょう。

　STEPN に限らず，今後，BCG 開発者側がユーザー側のこのような動きに気が付き，年末に自社 BCG 内の各種トークン相場が暴落することを避けるために，取引履歴を損益計算ソフトに取り込むことができる仕組みを用意してくれるかもしれません。

第3部 確定申告準備・税理士依頼編

　第3部では，暗号資産・NFTの損益計算や確定申告を行うに当たり，必要となる事項や有益と思われる事項のうち重要なものをピックアップして解説します。なお，損益計算は国内の損益計算ソフトを用いることを前提としています。

1

用意しておく資料

　暗号資産・NFTの損益計算のために用意すべき資料には，以下のものがあります（なお，暗号資産・NFT取引の管理に必要なものをすべて挙げているわけではないのでご注意ください）。

ウォレット詳細

　ウォレットは，**ホットウォレット**と**コールドウォレット**に大別されます。区分の基準としては取引には秘密鍵が必要となるのですが，その秘密鍵がオンライン環境に常時接続されるのが**ホットウォレット**，接続されないのが**コールドウォレット**となります。

　コールドウォレットは大別して2種類あり，**ペーパーウォレット**と**ハードウェアウォレット**があります。ペーパーウォレットは紙等に秘密鍵を書いて保存したものです。秘密鍵を生成し，**ペーパーウォレット**を作成してくれるサービスに bitaddress.org といったものがあります。**ハードウェアウォレット**は USB などで PC に繋げ，秘密鍵の管理をするデバイスのことを指し，Ledger Nano S が具体例に挙げられます。なお，ハードウェアウォレットもアプリを使って一時的にオンライン接続をすることにより Uniswap（DEX の 1 つ）などで取引ができますが，常時オンライン環境に接続するわけではないのでコールドウォレットに分類します。

　ホットウォレットはコインチェックなどの暗号資産取引所に口座開設

する時に利用可能になる**取引所ウォレット**（厳密には入金用のウォレットは個別に用意され，出金用のウォレットは取引所側名義のウォレットであるケースもありますが，ここでは説明を省略します），メタマスクなどのウォレットアプリに分類することができます。

　ペーパーウォレットは年末時点での暗号資産の数量の記録が必要です。またハードウェアウォレット・ウォレットアプリは，ネットワーク名（例：ETH，Solana），ウォレットアドレスとウォレット内にある暗号資産の年末時点での数量を記録しておく必要があります。ハードウェアウォレットについてもチェーンごとのアドレス確認が可能なのでご注意ください（例えば Ledger の場合，Ledger Live という専用アプリで確認可能）。仮に取引を行っていない場合でも記録しておきましょう。

　取引所ウォレットも，ウォレット内にある暗号資産の年末時点での数量および利用している取引所（複数アカウントがある場合，現在利用していないものも含めそのアカウント数も記録してください）が何かを把握しておく必要があります。

　なお，秘密鍵は損益計算に用いません。損益計算の際に税理士等に提出を求められた場合は断りましょう。

　またウォレットとは異なりますが，ステーキングプールなどに暗号資産を預けている場合は，利用しているステーキングプールや預けている暗号資産の種類などを記録しておきましょう。こちらも年末の残高確認に用います。

第3部 確定申告準備・税理士依頼編

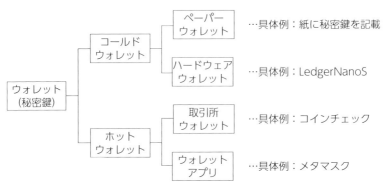

ウォレットの分類

※ ウォレット分類方法は他にもありますが，解説の都合上このような分類としています。

取引履歴詳細

多くの取引所ウォレット，ウォレットアプリでは，取引履歴の取得が可能です。そのため，すべての取引を逐次記録しておく必要性はないと考えます。ただし，多くの損益計算ソフトは，取引時の時価データを1秒単位で保有しているわけではありません。

また，取引履歴だけでは損益計算ソフトに正確に損益計算を反映させることができない取引（例えばICOなどの暗号資産の支払いと受取時期が異なるものが挙げられます）や，損益計算ソフトに対応していないチェーンやサービスが存在します。この場合には別途記録が必要です。なお，取引所が取引履歴をcsv出力できるかどうかや，取り扱ったチェーンやサービスが使用する損益計算ソフトに対応するかどうかについて，あらかじめ確認しておくことをお勧めします。

以上を踏まえて，記録をしておくことが必要な取引の一例を挙げます。

☑	自己のウォレット間における暗号資産・NFTの移動
☑	詐欺コインの取得
☑	bridge
☑	暗号資産・NFTの盗難・紛失・詐欺などのトラブル
☑	ICO，IDOやFoundationなどで暗号資産・NFTの受取と支払のタイミングがずれるもの（ICOやIDOなどは取得時期の判定はその契約内容によって変わるため，ホワイトペーパーなども要保存）
☑	1日で相場が急変した日に行った取引（主にその時購入した暗号資産の時価）
☑	暗号資産やNFTを用いて，暗号資産やNFT以外の物やサービスを購入した場合（支払内容がわかるメールやwebサイトの写しや領収書を要保存）
☑	友人や親族などに対して行った暗号資産の取引（貸借取引を含む。メール等のやり取りの履歴も要保存）
☑	その他使用する損益計算ソフトが対応していないチェーンやサービスでの取引
☑	取引履歴が取得できない取引所での取引

上記取引に該当する場合に，書くべき内容は次のとおりです。

☑	取引日時（UTC（UniversalTimeCoordinated）と日本時間の違いに注意）
☑	取引内容
☑	受け取った及び支払った暗号資産・NFTの種類（コントラクトアドレスの記録が望ましい）及び数量
☑	送金手数料として支払った暗号資産の種類及び数量
☑	（1日の間に相場が急激に変動した場合）取引した暗号資産の取引時の時価（日本円換算）
☑	（友人や親族などと取引した場合）取引相手名称，自身との関係性

　これらをエクセルやグーグルスプレッドシートなどに記録しておくのがよいでしょう。

また，取引所の仕様変更などで取引履歴が取得できなくなるケースがしばしば発生するので3か月に1回程度，取引所から取引履歴を取得しておくようにしましょう。取得したファイルは，リネームや内容編集，時にはファイルを開くだけで計算ソフトに取り込めなくなるケースがあるので，注意してください。なお，今まで損益計算を一度もしたことがない方が損益計算をする際には，初めて暗号資産を取り扱った時点からの取引履歴が必要になります。

2

利用する取引所やDappsの選び方について

　取引所やDapps（分散型アプリ）を選ぶ基準として，一般に，取引したい暗号資産やNFTの取扱いがあるか，どんなサービスがあるか，セキュリティがしっかりしているか，使いやすいかといった点を挙げることができると思います。これに加えて，以下の基準についてもご検討いただければ，確定申告時期に面倒な思いをする可能性が減ります。ちなみに，NFTの取引を日本円で行えるサービスが今後増加することが予想されますが，正確な取引履歴（NFTを外部とやり取りする場合はその詳細なデータも）が取得できないサービスは自分では損益計算ができなくなる可能性や，税理士に依頼しても工数が増え，確定申告の際に高額な請求をされてしまい，NFT取引による利益がなくなる可能性があるため，利用は避けたほうが賢明かもしれません。

2 利用する取引所や Dapps の選び方について

☑	利用している損益計算ソフトが API 連携に対応しているか
☑	取引履歴がしっかり取れるか

　また，法人や個人事業主で暗号資産・NFT の取引をし，かつプライベートでも暗号資産・NFT の取引をしている場合，例えば NFT クリエイターの方が自分の NFT アートを販売しており，かつ DeFi などでの暗号資産の運用や草コインなどの取引をしている場合は，事業用の取引所ウォレット・ウォレットアプリとプライベート用の取引所ウォレット・ウォレットアプリは別に用意しましょう（事業用ウォレットとプライベート用ウォレット間の暗号資産や NFT 移動も行わないでください）。法人税の所得と所得税の所得の区別が付かなくなったり，事業所得と雑所得の区別が付けられなくなります。ウォレットに関わる所得が誰に帰属するかを判断するに当たり，税務署は，口座名義人（契約の名義人）が誰であるかという視点だけではなく，その資金の拠出者は誰か，誰が口座を支配管理していたか，実際に誰が利益を享受しているかといった視点からも検討します。これらの所得の帰属を検討するための要素が適切に区別されていない場合，不利な所得計算をされる恐れがあります。

　なお，ニセの取引所サイトに誘導し，そこに資金を入金させ，引き出せなくする詐欺が横行しています。知らない人（特に異性。（国際）ロマンス詐欺のケースもよく相談されます）から勧められた取引所は使わないようにしましょう。聞いたことのない取引所に入金する際は Google 検索や Twitter で利用している人の評判などを最低限確かめてから資金を小口で入金しましょう。また，暗号資産を引き出す際に通常の送金手数料のほかに別途金銭を要求する取引所は詐欺サイトである可能性が極めて高いです（金銭を支払っても引き出せません）。無理に引

き出そうとせず，速やかに専門家に相談しましょう。

> **Column** 事業主の取引所・ウォレット管理について
>
> 　NFT クリエイターなどの個人事業主や法人で事業のために暗号資産・NFT を取り扱っており，かつプライベートでも事業と関係ない暗号資産・NFT を取り扱っている場合は，**事業用のウォレットとプライベート用のウォレットを分けてください。**例えば，以下のような形です。
>
> （事業用）
> 国内取引所：コインチェック
> 国外取引所：バイナンス
> ウォレットアプリ：メタマスク
> （ウォレットアドレス：0x123…）
>
> （プライベート用）
> 国内取引所：GMO コイン
> 国外取引所：ビットトレックス
> ウォレットアプリ：メタマスク
> （ウォレットアドレス：0xABC…）
>
> > ※　異なるアカウントが用意できるのであれば事業用とプライベート用の取引所が同じでも構いません。ただし，アカウントを間違えるおそれがあるため，取引所やウォレットアプリの種類は分けておくことを推奨します。
>
> 　特に注意したいこととして，**事業用とプライベート用では暗号資産・NFT のやり取りは避け，**事業用ウォレット・プライベー

ト用ウォレット間の資金の移動をする際は一度銀行口座に移してから行うようにしましょう。暗号資産は取得価額が変わってしまうため，**利益の額が変わってしまう**という問題と，個人事業主の場合は所得区分が事業所得↔雑所得で変更できてしまうため，場合によってはすべて**雑所得として判定されてしまう**という問題が発生します。

　また，法人の場合は法人口座の名義ではなく実質的に誰が運用していたか，利益を得ていたかという点を見られることから，事業用ウォレットへの入出金は**すべて法人の銀行口座から**行うようにしてください（貸付や役員報酬などの論点もありますがここでは割愛します）。万が一誤って事業用ウォレット・プライベート用ウォレット間の暗号資産・NFT の移動をしてしまった場合は，**他の取引を行う前に元のウォレットに戻してください。**

　ただ，**個人事業主限定**ですが，事業で取得した暗号資産をステーブルコイン（プライベート用ウォレットで取り扱っていない種類のステーブルコインが望ましい）に替えてから，プライベート用ウォレットに移すことで所得区分が不利になりますが，取得価額に影響を与えないようにすることは理論上可能であると考えます。逆にプライベート用ウォレットから事業用ウォレットへの移動は所得区分が有利になってしまうため避けましょう。

　ちなみに損益計算や期末評価の負担を避けるため，法人設立されている方は法人ではシンプルな取引（暗号資産１，２種類とNFT などの売買のみ）にして，DeFi や草コインなど複雑な取引をする場合は個人として行う方が多いようです。

3

年末までに「必ず」やっておくこと

　年末までに必ずやってほしいことがあります。「**年末時点で保有している暗号資産，NFTの数量を記録すること**」です。このことが非常に重要になります。ステーキングなどでロックしている暗号資産も年末時点で把握する必要があります。

　1年間の暗号資産・NFT取引に係る損益計算をした場合，最終的には，損益の金額とともに暗号資産やNFTの数量が算出されるはずです。このときに計算ソフトが算出した暗号資産の数量と，手控えとして記録していた年末時点での暗号資産数量と照らし合わせ，両者にズレがない場合には正しく損益計算が行われている可能性が高いです。

　逆にズレがある場合には，取引をすべて計上できていないなどの理由により，損益計算自体が間違っている可能性が高いため，取引の計上漏れなどがないか確認してください。計算ソフトで計算したからといって，必ずその損益額が正しいとは限りません。

　また，「**不要な暗号資産，NFTを売却し，ポートフォリオを整理すること**」も非常に大事です。暗号資産・NFTの損益計算をした場合，その計算結果が正しいかを確認することになりますが，その際に不要な暗号資産が残っていると確認作業が非常に煩雑になります。また年末に保有している暗号資産・NFTの数量を記録する量も多くなってしまいます（なお税理士に確定申告を依頼しても，この確認作業は損益計算にお

いて非常に重要な工程であるため，納税者本人にお願いすることになります）。

そのため，すべてを日本円にする必要はありませんが（詐欺コインは処理不要），年末時点で不要な暗号資産やNFTは整理しておきましょう。

4

暗号資産・NFTの損益計算ソフトの選び方

暗号資産の損益計算ソフトは国内，国外にいくつか存在し，おおむね以下のように区分できます。

第0世代：表計算ソフト
第1世代：取引所（CEX）での取引に対応
第2世代：DeFiの損益計算可能（NFTを除く）
第3世代：NFTの損益計算可能

2021年の確定申告においては第2世代型の損益計算ソフトまでは存在していました。国外の損益計算ソフトについていうと，多くの種類のブロックチェーンに対応しているという長所はあるのですが，外国の法律を前提として作成されているため，日本の納税者の損益計算にそのまま利用しても，日本の税制に即していない計算結果が算出されることが通常です。

例えば，日本の総平均法は，海外ではあまり馴染みがないものなので，（日本の税制に対応していると謳っているソフトであっても）ほとんどの国外の損益計算ソフトは対応していません（日本国内でも比較的有名な国外の損益計算ソフトも，2022年8月時点においてホームページ上で総平均法対応との表記がありますが，実際には対応していないことが確認されています）。また，ウォレット間の送金などがそのままエアドロップ，またはゼロ円で譲渡したものとして損失判定される仕様になっていたり，マーケットプレイスでのNFTの取引が正確に反映されなかったりする可能性があるため，これらの点に関する仕様を把握せずに，国外の損益計算ソフトをそのまま使うのはかなり危険です（経験上，高めに利益が算出されるケースが多いです）。

それでは，国内の損益計算ソフトはどうかというと，総平均法・移動平均法に対応しているため，基本的にはどれを使ってもよいとは思います。ただし，**2022年8月時点ではDeFiやNFTへの対応があまり追いついていないのが実情です**（CSVなどで別途，取引データを作成しなければならない）。また，NFTの取引を管理するツールなどが，一部ネットで出回っていますが，NFTの損益計算をするにはETHなどの暗号資産の利益確定もすべて含めて管理しなければならないため，税金計算に完全には対応していないものも多くあります。こういった状況に対して，現在，著者が開発に協力している第3世代型の損益計算ソフト「CryptoVision」(https://cryptovision.app/)の開発が進んでいます。

上記のほかにも，損益計算ソフトについて，注意していただきたいことがあります。損益計算ソフトはブロックチェーン上に記録された取引情報を読み取って計算しますが，いくら技術が進歩しても，その取引の内容や意図までをも正確に読み取るものではありません。また，次々と出てくるサービスや法改正への対応は必ず後手になります。場合によっては対応が不可能なものもあります。このため，ユーザーが損益計算を

損益計算ソフトに丸投げして，正しい損益計算が一瞬で完了するようなことは，将来的に見ても実現することは困難です。

このような事情があることから，私は**納税者の方に暗号資産の損益計算を丸投げしていただいても構わないという宣伝をすることはとてもできません**。本当に丸投げをした場合，よほどシンプルな取引内容でもない限り，不正確な損益計算になる可能性が高くなります。

5

損益計算の流れ（概要）

　暗号資産・NFTの損益計算はおおむねCryptoVisionやCryptactなどの国内の暗号資産・NFTの損益計算ソフトを利用して計算します。この方法は2022年8月時点でのやり方ですのでご注意ください。

　暗号資産・NFTの損益計算を行うには取引履歴の取得が必要となるため，取引所ウォレットについては取引所から出力したCSVファイルやAPI連携で取引履歴を取得し，Cryptactに取引履歴を取り込みます。また，ハードウェアウォレットやウォレットアプリについては，ウォレットアドレスを把握し，CryptoVisionにウォレットアドレスを入力することで，オンチェーンの取引履歴を取り込みます。

　取り込んだ取引履歴を基に計算ソフトがそれぞれ該当する可能性の高い取引を判定して提示，時価を取得して各取引の取得価額や利益を算出します。ただし，暗号資産・NFT損益計算ソフトはトランザクション（取引記録）のすべてについて，正確に取引種別を判定することはでき

暗号資産・NFT の損益計算の処理フロー例

```
┌─────────────────────────┐          ┌─────────────────────────┐
│  ウォレットアプリ・      │          │  取引所ウォレット        │
│  ハードウェアウォレットの │          │  取引履歴の入手          │
│  ウォレットアドレスの入手 │          │                          │
└───────────┬─────────────┘          └───────────┬─────────────┘
            ↓                                    ↓
┌─────────────────────────┐          ┌─────────────────────────┐
│ CryptoVision へデータ取込,│          │ Cryptact へデータ取込,   │
│ ウォレットアドレスから取引│          │ 取引内容の精査・修正    │
│ 履歴の出力後, 取引内容の │          │                          │
│ 精査・修正              │          │                          │
└───────────┬─────────────┘          └───────────┬─────────────┘
            └─────────────────┬──────────────────┘
                              ↓
          ┌──────────────────────────────────────┐
          │ 片方のソフトで取り込んだ取引履歴を     │
          │ CSV ファイル化したものを               │
          │ もう片方のソフトに取り込む             │
          └──────────────────┬───────────────────┘
                              ↓
          ┌──────────────────────────────────────┐
          │         取引履歴の最終調整             │
          └──────────────────┬───────────────────┘
                              ↓
          ┌──────────────────────────────────────┐
          │              損益額算出                │
          └──────────────────────────────────────┘
```

ないため，取引した本人が各トランザクションを確認して正しい取引に修正する必要があります。

　また，上記処理フロー例には記載していませんが，取引履歴が取得できない取引がある場合は，損益計算ソフト側が提供しているフォーマットに自分で取引データを入力して，それを損益計算ソフトに取り込みます。

　すべての取引の修正が終わった後に，損益計算ソフト上の各暗号資産の残高と自身で年末時点に確認した実際の各暗号資産の残高が一致していれば損益計算は完了になります。

　なお，損益計算は1つのウォレット・チェーンごとに行うのではなく，自分が所持しているウォレットを一括で計算します。こうすることで自

分が保有しているウォレット・チェーン間のトークン移動により取得価額が変動してしまうおそれがなくなります。個人事業主の場合，事業所得と雑所得を区分する必要があるため，事業用ウォレットとプライベート用ウォレットを分けて，損益計算を行うこととなります（取得価額を厳密に考えるならひとまとめにして計算すべきですが，現時点ではひとまとめで損益計算を行ったものを事業所得と雑所得に区別することが実務上困難な場合が多いです）。

　法人の場合，暗号資産・NFTの所得が個人と法人のどちらに帰属するかを明確にするため（213頁参照），法人役員の個人ウォレットとのやり取りは役員報酬の支払いなどを除き，極力行わないようにしましょう。

6

自分で損益計算を簡便かつ無料で行う方法

　いろいろと問題はあるのですが，「今年の1月1日から12月31日までの間に増えた資産の金額を所得として扱う」という方法（簡便法ともいうべき方法）を採用している納税者の方もいるようです。本書はこれを推奨するものではありませんが，参考として，簡便法の具体的なやり方を解説しておきます。

　① 国内取引所を1箇所決め（ここで決めた取引所は以後，指定国内取引所と呼びます），そこからすべての法定通貨の入出金をするよ

うにする。
② 年末時点で「すべての」暗号資産・NFT を指定国内取引所にて日本円に売却する（指定国内取引所が対応していない暗号資産・NFT は，他の取引所で指定国内取引所が取り扱う暗号資産に交換してから指定国内取引所に送金＆売却する）※。
③ 年末時点の指定国内取引所の法定通貨保有額からその年に指定国内取引所に入金した金額を引き算して所得計算する。
※　少しだけ計算が面倒になりますが，ステーブルコインに変える方法もあります。

事例を挙げてご説明します。

> **Q** 次の取引を行った場合に，所得金額の計算はどうなりますか。
> 1．2022年1月1日に自分の銀行口座から指定国内取引所に550万円を入金し，その550万円で1 BTC（時価：1 BTC ＝ 550万円）を購入した。
> 2．2022年1月1日から2022年12月31日にかけて，暗号資産・NFT の取引を約100万回行った。
> 3．2022年12月31日に保有しているすべての暗号資産・NFT を売却し，指定国内取引所で日本円に変えた。12月31日23時59分59秒時点で指定国内取引所には1,000万円がある。

次のとおり，所得金額の計算を行います。

【簡便法を用いた2022年の所得計算方法】

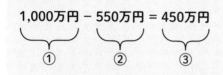

① 損益計算が必要な年の12月31日23時59分59秒時点で指定国内取引所にて保有する金額
② 損益計算が必要な年中に指定国内取引所に入金した金額
③ 所得金額

簡単ですね。この本の事例解説編は読む意味がなかったかもしれません。ただし，このやり方には，いくつかの問題があります。

① 年をまたいでしまった場合は使えないこと

暗号資産取引により得られた所得は累進課税の対象になるため，年またぎで簡便法を適用すると，本来の税率が適用されなくなるのです。

例えば2021年は1,800万円の所得（税率：40％，税額：約630万円），2022年は1,200万円の損失（税率：ゼロ％（と考える），税額：ゼロ円）があるとすると，簡便法を使うと600万円（税率：20％，税額：約140万円）が所得として算出され，納める税金の額が約490万円も少なくなってしまいます。以上から，年をまたいだ場合（＝昨年以前の損益計算をしていない場合）は，簡便法を使うことができません。

② 暗号資産，NFTを両方取引している場合は，すべて雑所得として申告すること

この方法を行った場合，暗号資産取引による所得と，NFTの取引による所得を区分することができないので，すべて雑所得として申告することとなります（個別にNFTに関する収入や原価などを算出すれば不可能ではないですが，その場合は通常の計算方法を用いたほうがよい

ケースが多いと思われます)。このような処理は法的に問題がありますし，その場合，譲渡所得の特別控除額や長期譲渡所得に係る2分の1課税の恩恵を受けることができないため，必要以上に納税することになります。

③　すべての暗号資産・NFTを売却しなければならないこと

最大のハードルです。自分の資産(暗号資産・NFT)をすべて日本円やステーブルコインにしなければいけません。ICOや一定期間ロックされるようなサービスにも加入してはいけません。

ガチホしていた暗号資産はもちろん，流動性供給，ステーキング，マイニング中の暗号資産も，BCG内の通貨も，せっかく集めたお気に入りのNFTアートコレクションも，寝食忘れてレベル上げを頑張ったNFTキャラクターも，税金を支払うためだけに全部リセットします。

7

税理士に依頼する場合

著者の経験では，依頼を受けた事業者の方がご自身で作成等されていた会計帳簿を確認した時に，それが全く問題なしだったケースはほとんどありません。また，暗号資産・NFTの損益計算・税務は通常の税務よりも非常に複雑であり，専門家でも対応が困難なジャンルの税務の1つに挙げられるでしょう。さらにネット上では様々な真偽判定不能な情報が溢れており，ご自身で税務調査に十分対応できる内容の確定申告を行うのは非常に難易度が高いのではないかと感じています。

そのため，ここでは暗号資産専門の税理士に依頼する場合の注意点についてお話したいと思います。経験上，暗号資産の損益計算は平均的なケースで，**おおむね2か月程度**かかり，これに申告のための時間が追加されます（依頼者ご本人に取引内容を確認してもらう時間や資料準備の時間も含みます）。

暗号資産・NFT の損益計算（特に NFT や DeFi）ができる税理士は少ないため，この分野に精通する税理士には11月頃から依頼が殺到し，12月頃には多くの税理士が3月15日までの対応はお約束できないという回答をするようになります。そのため，遅くとも10月中には顧問税理士探しを始め，**11月中には顧問税理士を決定**しておくことをお勧めします。

また，税理士への依頼形態として，1回限りの業務を受託するスポット契約と，中・長期にわたって税務について指導助言を行う顧問契約の2種類が存在します。一般的に税理士に限らず士業は顧問契約を締結されている方の損益計算・確定申告を優先する傾向がありますが，各人の状況等に応じて，どちらにすべきかをお決めいただければと思います。

税理士を選ぶ際の注意点があります。暗号資産対応の税理士と謳っているからといって，必ずしも Daaps や NFT に精通している税理士ばかりではないということです（CEX での取引のみしか対応していない税理士も現時点では多いように感じます）。「暗号資産・NFT のブログ記事を書いている」イコール「暗号資産・NFT の税務対応が可能」というわけでもないので，必ずその税理士に「～の取引に対応できるか。～に対する知識があるか。損益計算は誰がするのか（損益計算を税理士自身で行えず外注している場合，個別の取引の詳細について税理士が把握しきれていない可能性も出てくるのでご注意ください）」という旨の質問をしてください。

例外はあると思いますが，暗号資産・NFT の税務に対応する税理士を選ぶ際の簡単な目安を用意しました。税理士選びを行う時の参考にし

てみてください。

難易度・対応力

	サービス内容	知　識
高 ↑↓ 低	CEX/DEX・NFTの損益計算（簡便法除く）が可能な税理士	暗号資産・NFTの技術面における知識がある税理士
	CEXの損益計算は可能だが、DEX・NFTの損益計算はできない税理士	暗号資産に関する各種税法の知識がある税理士
	暗号資産・NFTの損益計算を外注している税理士	暗号資産・NFTの取引をしたことがある税理士
	暗号資産・NFTの損益計算ができない・しない税理士	タックスアンサーの内容は理解している税理士

　また，「税理士に高額な報酬を支払って依頼したが，ほとんど相談に応じてくれなかった」「暗号資産・NFTの税務対応をすると言われて依頼しようとしたが，実際にはその暗号資産専門税理士は契約書を出さず，代わりに高額な顧問料を取る別の事務所を紹介され，その事務所との契約書には暗号資産・NFTの税務については助言しないと書かれていた」といった旨のご相談もいただきます。口頭では「私が対応します」「暗号資産・NFTの税務もお任せください」などと言っていても，契約書上は別の税理士が対応する旨記載されていたり，暗号資産・NFTの税務が対応範囲外になっているような場合，法的には「当初話していた税理士に対応してほしい」「暗号資産・NFTの税務もお願いしたい」などと主張できないことも多く，これらを理由とする**返金や解約も認められないことが多い**です。このような**トラブルを避ける**ために契約前に「契約書記載の金額で誰がどれくらいの頻度・形態で相談・面談に応じてくれるのか，どんなサービスがあるのか」についても**契約書の中身を含め必ず確認**するようにしてください。

暗号資産専門の税理士選びをする際のポイントはいろいろあります。しかし最も大事なことは「**貴方のことを親身に考えてくれるかどうか**」に尽きると私は思います。相性などもありますので，貴方のことを気にかけてくれる税理士をぜひ探してみてください。

> Column　確定申告・納税　Tips
>
> ①　住民税の普通徴収・特別徴収
>
> 　会社勤めの方が会社に暗号資産・NFTによる所得があることを知られたくない場合は，確定申告書第二表の「住民税に関する事項」の欄において，住民税の徴収方法として「自分で納付」を選択するようにしましょう。これにより，給与等から給与・公的年金等に係る所得以外の所得に対する住民税が特別徴収されない（自分で地方自治体に納税する普通徴収になる）ため，会社に知られにくくなります。
>
> ②　振替納税制度
>
> 　また，暗号資産・NFTによる所得を申告した後，納税を行うことになりますが，人によっては高額の所得税を支払うこととなるケースもあります。
>
> 　その場合，通常の銀行口座からの振込を行うと，振込限度額の関係で何日かに分けないと納税が行えない可能性があるため，振替納税制度を活用しましょう。預貯金口座振替依頼書兼納付書送付依頼書を一度提出すれば，毎年提出する必要はありませんが，引越しなどをした場合は異動届を提出します。クレジットカードによる納税については，もらえるポイントなどのメリットと払うべき手数料などのデメリットを比較しましょう。

③　予定納付

　その年の5月15日現在において確定している前年分の所得金額や税額などを基に計算した金額（予定納税基準額）が15万円以上である場合，その年の所得税及び復興特別所得税の一部をあらかじめ納付しなければならない予定納税という制度があります。

　予定納税基準額を計算する際には，譲渡所得や雑所得など一定の種類の所得金額は考慮しないこととされています。よって，暗号資産・NFTによる所得が雑所得，譲渡所得である場合，予定納税基準額の計算においては考慮しないことになります（事業所得の場合は考慮されます）。

　なお，予定納税額は，所轄の税務署長からその年の6月15日までに，書面で通知されることになっています。

【参考】タックスアンサー No.2040「予定納税」

あとがき

「先生，暗号資産の確定申告ができません。相談できる人もいません。私はどうなってしまうのでしょうか。不安で眠れない日が続くのです，どうか助けてください」

上記は，著者がクライアントの方々から初回のご相談をいただく際によくいわれる台詞です。そして寸暇を惜しみ寝食を忘れて本書を執筆した，最大のモチベーションとなった台詞でもあります。

令和4（2022年）現在，暗号資産・NFTの税務を取り巻く環境は混乱を極めています。税務署や税理士に聞いても回答はバラバラ，暗号資産・NFTの損益計算・税金計算が可能な税理士も非常に少なく，インターネット上では真偽の判定が困難な情報が飛び交っている……。
とてもではありませんが納税者が適切に暗号資産・NFTの納税ができる環境とはいい難い状況が続いています。
このような状況では，適正な納税を行うことはできず，追徴課税などのペナルティの恐怖により心身を壊してしまう方が出てくるのは何ら不思議ではありません。

暗号資産・NFTの税務問題において，最大の問題点は「何がわからないかがわからない」ということに尽きます。まず暗号資産・NFTの税務には，直感的には理解し難い技術用語，スラングという，暗号資産・NFTに関する最低限の知識や取引経験，熱意を有していないと越えることができない壁が存在しているといえます。用語の壁をようやく

あとがき

乗り越えた先には既存の法律で規定することのできない数々の取引がそびえ立ち，その処理方法として複数の選択肢が用意されていますが，正解はどこにも示されていないし，今後も示されるかわかりません。このような状態なので，わかっている人間がわからない人間に伝えるのも困難ですし，当然わからない人間がわかるのもさらに困難です。よって，多くの人間が「何がわからないかがわからない」という状態になってしまいます。

本書のねらいは，山積する暗号資産・NFTの税務における「わからないをひとまず整理すること」です。そのため，本書では内容が多少難しくなることを覚悟のうえ，「答え」のみならず「答えを出すまでの過程」と「その根拠（法令の条文を含む法的な根拠や考え方）」も極力書くこととしました。「答え」だけを書くならば執筆は遥かに容易になりますし，そのほうが「わかりやすい！」と評価される読者の方もいらっしゃるでしょう。しかし，それではその情報の真偽・真意はわかりませんし，納税者1人ひとりのケースに当てはめて応用することができません。

暗号資産・NFTの税務の世界はSNSを始めとした様々なメディアで様々な「答え」だけが溢れています。専門家が運営しているブログの記事であっても，根拠となる法令の条文を記載していないものも見かけます。しかし，「答え」だけを抽出した人が削ぎ落とすであろう部分にこそ，真に重要なことが隠されていたりすることもあります（本書でも「答え」以外の言い回しにもできる限り注意を払っているので，「答え」だけを抜き出すのは危険です）し，「答え」だけでは，暗号資産・NFTの税務を取り巻く環境の混乱はいつまでも終息しないでしょう（「答え」だけを読みたいという要望があるのも認識しており，そちらについても何らかの形で対応できないかと検討は進めております）。

あとがき

　もちろん，現時点では法解釈の限界が存在する論点もあったため，両論併記とさせていただいたものも少なくありませんし，本書で記載した法解釈以外の解釈も存在すると考えています。また紙幅の都合上，本書で取り扱うことができなかった論点も多々存在しますが，読者のみなさまにとって有益な情報を提供できるように，可能な限り，多くの論点をご紹介いたしました。

　暗号資産・NFT取引をきっかけに税金の世界に興味を持った方や税務に携わる方に本書を手に取ってもらい，暗号資産・NFTの税金で苦しまれている方を1人でも救う手助けとなれば，これに勝る喜びはありません。

　暗号資産・NFTの税金を取り巻く環境は未だ発展途上であり，今後も多くの難問が発生するでしょう。しかし幸いにして，私の周りにはこれらの難問に挑戦する志を同じくする仲間が存在し，少しずつではありますが，状況の改善に向けた取り組みが始まっています。私も暗号資産・NFT専門の税理士として，1人でも多くの人が暗号資産・NFTの税金で苦しまないよう微力ながら尽力していく所存です。

　最後に，今回このような機会をいただきました中央経済社の牲川健志様，本当にありがとうございました。

　執筆に当たりまして税法の考え方をはじめとした広範な知識を共著者である泉絢也先生に，各種法律の相談者として橋本祐弥弁護士に，暗号資産・NFTの技術的な知見についてはCryptoVisionの開発者の方に，実際の取引の内容については私のクライアントの皆様に，様々なことをご教授いただきました。心よりお礼を申し上げます。皆様のうち誰一人欠けても本書を執筆することはできませんでした。

　また本書の装丁に作品を提示することをご快諾いただき，本書をより

あとがき

　魅力的に彩っていただいたNFTクリエイターの皆様にも改めて謝意を示したいと思います（詳細は次頁をご参照ください）。

　そして何より，最後まで本書をお読みいただいた読者の皆様に感謝を申し上げます。

2022年8月

藤本　剛平

本書の装丁にご協力いただいたNFTクリエイターのご紹介

オモテ

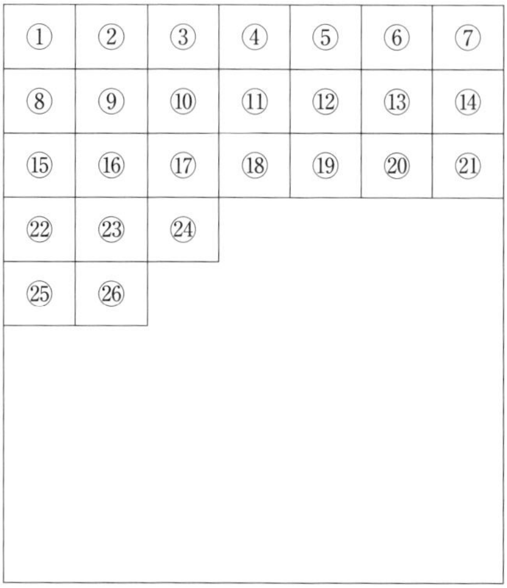

① lemontea，②ビットコヌシ，③ SHIBU，④ Kawaii SKULL，⑤ samo*cha，⑥ CC デーモンがーる，⑦ほらあな，⑧ Big Hat Monkeys，⑨山口さぷり，⑩ GERA／NFT COLLAGER，⑪ Flower Lolita，⑫天神英貴，⑬ AOEUI（青江羽衣），⑭いただきますマン，⑮わらいごえ，⑯おにぎりまん，⑰ぴぴぴ，⑱のまひろし，⑲尾花龍一@ Rampage Horses Club，⑳ Masumi Shiohara，㉑ ONIKU，㉒ Akim，㉓さいとうなおき，㉔ BUSON，㉕ KimonoNinja，㉖ハッシー橋本

ウラ

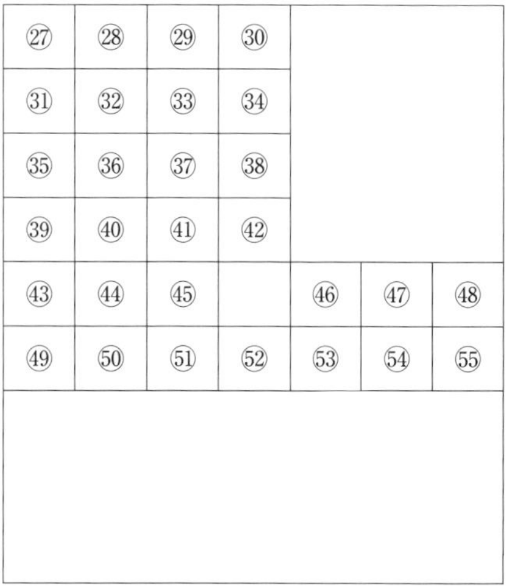

㉗ Leg，㉘ Team Airbits，㉙武にぃ，㉚ミロッタ，㉛ #Nijigen，㉜ハヤシライスしか勝たん，㉝チャンマロル，㉞ Tigerclove，㉟ AO（あお），㊱ Yuya，㊲高尾俊介，㊳ po-ko3，㊴ Shinsei Galverse，㊵ imoto，㊶ヒラメ君／青柳恵太，㊷みたさん，㊸ kuraja，㊹罵尻ロマ子/Umi，㊺ Oharibako，㊻山古志住民会議，㊼石畑悟郎，㊽カワバタロウ，㊾はまやん/HamayAn，㊿ Ame-chan，(51)狐火，(52)想造戦機メタゼット，(53) rassvet，(54)ハラペー，(55)クリプトン教授

【著者紹介】

泉　絢也（いずみ　じゅんや）

東洋大学法学部准教授，中央大学ビジネススクール非常勤講師。
一般社団法人アコード租税総合研究所研究顧問。
早稲田大学政治経済学部経済学科卒業。博士（会計学・中央大学）
国内の課税問題や各国の税制との比較など，暗号資産の税制に関する書籍や論文多数。NFTと課税，AIと租税法の研究にも従事。
著書に『パブリックコメントと租税法』（日本評論社）（単著）などがある。
Twitterユーザー名：@taxlaw17

藤本　剛平（ふじもと　こうへい）

税理士。カオーリア会計事務所代表。
武蔵野美術大学映像学科卒業。
大阪経済大学大学院経営学研究科卒業。
品川区役所に勤務後，税理士法人KTS，CREST税理士法人勤務を経て独立。
暗号資産・NFT専門税理士として，全国の個人・法人を対象に税務サービスを提供。ウォレット数2,500個超保有者や取引件数30万件超の方の取引をはじめとする様々な暗号資産・NFTの損益計算・確定申告実績を有し，暗号資産・NFT税金セミナー講師や暗号資産・NFT損益計算サービスCryptoVisionの開発助言にも携わる。
Twitterユーザー名：@suika3111

事例でわかる！
NFT・暗号資産の税務

| 2022年10月10日 | 第1版第1刷発行 |
| 2023年3月30日 | 第1版第4刷発行 |

著　者　泉　　　絢　也
　　　　藤　本　剛　平
発行者　山　本　　　継
発行所　㈱中央経済社
発売元　㈱中央経済グループ
　　　　パブリッシング

〒101-0051　東京都千代田区神田神保町1-31-2
　　　　　電　話　03(3293)3371(編集代表)
　　　　　　　　　03(3293)3381(営業代表)
　　　　　https://www.chuokeizai.co.jp
　　　　　印刷／東光整版印刷㈱
　　　　　製本／㈲井上製本所

ⓒ 2022
Printed in Japan

＊頁の「欠落」や「順序違い」などがありましたらお取り替えいたしますので発売元までご送付ください。(送料小社負担)

ISBN978-4-502-43981-0　C3034

JCOPY〈出版者著作権管理機構委託出版物〉本書を無断で複写複製（コピー）することは，著作権法上の例外を除き，禁じられています。本書をコピーされる場合は事前に出版者著作権管理機構（JCOPY）の許諾を受けてください。
JCOPY〈https://www.jcopy.or.jp　eメール：info@jcopy.or.jp〉

●実務・受験に愛用されている読みやすく正確な内容のロングセラー！

定評ある税の法規・通達集シリーズ

所得税法規集
日本税理士会連合会／中央経済社 編

❶所得税法 ❷同施行令・同施行規則・同関係告示 ❸租税特別措置法（抄）❹同施行令・同施行規則・同関係告示（抄）❺震災特例法・同施行令・同施行規則（抄）❻復興財源確保法（抄）❼復興特別所得税に関する政令・同省令 ❽災害減免法・同施行令（抄）❾新型コロナ税特法・同施行令・同施行規則 ❿国外送金等調書提出法・同施行令・同施行規則・同関係告示

所得税取扱通達集
日本税理士会連合会／中央経済社 編

❶所得税取扱通達（基本通達／個別通達）❷租税特別措置法関係通達 ❸国外送金等調書提出法関係通達 ❹災害減免法関係通達 ❺震災特例法関係通達 ❻新型コロナウイルス感染症関係通達 ❼索引

法人税法規集
日本税理士会連合会／中央経済社 編

❶法人税法 ❷同施行令・同施行規則・法人税申告書一覧表 ❸減価償却耐用年数省令 ❹法人税関係告示 ❺地方法人税法・同施行令・同施行規則 ❻租税特別措置法（抄）❼同施行令・同施行規則・同関係告示 ❽震災特例法・同施行令・同施行規則（抄）❾復興財源確保法（抄）❿復興特別法人税に関する政令・同省令 ⓫新型コロナ税特法・同施行令 ⓬租税透明化法・同施行令・同施行規則

法人税取扱通達集
日本税理士会連合会／中央経済社 編

❶法人税取扱通達（基本通達／個別通達）❷租税特別措置法関係通達（法人税編）❸連結納税基本通達 ❹租税特別措置法関係通達（連結納税編）❺減価償却耐用年数省令 ❻機械装置の細目と耐用年数 ❼耐用年数の適用等に関する取扱通達 ❽震災特例法関係通達 ❾復興特別法人税関係通達 ❿索引

相続税法規通達集
日本税理士会連合会／中央経済社 編

❶相続税法 ❷同施行令・同施行規則・同関係告示 ❸土地評価審議会令・同省令 ❹相続税法基本通達 ❺財産評価基本通達 ❻相続税法個別通達 ❼租税特別措置法（抄）❽同施行令・同関係告示（抄）❾租税特別措置法（相続税法の特例）関係通達 ❿震災特例法・同施行令・同施行規則・同関係告示 ⓫震災特例法関係通達 ⓬災害減免法・同施行令・同施行規則 ⓭国外送金等調書提出法・同施行令・同施行規則・同関係通達 ⓮民法（抄）

国税通則・徴収法規集
日本税理士会連合会／中央経済社 編

❶国税通則法 ❷同施行令・同施行規則・同関係告示 ❸同関係通達 ❹国外送金等調書提出法・同施行令・同施行規則 ❺租税特別措置法・同施行令・同施行規則（抄）❻新型コロナ税特法・令 ❼国税徴収法 ❽同施行令・同施行規則・同告示 ❾滞調法・同施行令・同施行規則 ❿税理士法・同施行令・同施行規則・同関係告示 ⓫電子帳簿保存法・同施行令・同施行規則・同関係告示・同関係通達 ⓬行政手続オンライン化法・同国税関係法令に関する省令・同関係告示 ⓭行政手続法 ⓮行政不服審査法 ⓯行政事件訴訟法（抄）⓰組織的犯罪処罰法（抄）⓱没収保全と滞納処分との調整令 ⓲犯罪収益規則（抄）⓳麻薬特例法（抄）

消費税法規通達集
日本税理士会連合会／中央経済社 編

❶消費税法 ❷同別表第三等に関する法令 ❸同施行令・同施行規則・同関係告示 ❹消費税法基本通達 ❺消費税申告書様式等 ❻消費税法等関係取扱通達等 ❼租税特別措置法（抄）❽同施行令・同施行規則（抄）・同関係告示・同関係通達 ❾消費税転嫁対策法・同ガイドライン ❿震災特例法・同施行令（抄）・同関係告示 ⓫震災特例法関係通達 ⓬新型コロナ税特法・同施行令・同施行規則・同関係告示・同関係通達 ⓭税制改革法等 ⓮地方税法（抄）⓯同施行令・同施行規則（抄）⓰所得税・法人税政省令（抄）⓱輸徴法令 ⓲関税法令（抄）・同関係告示 ⓳関税定率法令（抄）⓴国税通則法令・同関係告示 ㉑電子帳簿保存法令

登録免許税・印紙税法規集
日本税理士会連合会／中央経済社 編

❶登録免許税法 ❷同施行令・同施行規則 ❸租税特別措置法・同施行令・同施行規則（抄）❹震災特例法・同施行令・同施行規則（抄）❺印紙税法 ❻同施行令・同施行規則 ❼印紙税法基本通達 ❽租税特別措置法・同施行令・同施行規則（抄）❾印紙税額一覧表 ❿震災特例法・同施行令・同施行規則（抄）⓫震災特例法関係通達等

中央経済社